KB116203

행복한 나라의
불행한 사람들

한 그루의 나무가 모여 푸른 숲을 이루듯이
청림의 책들은 삶을 풍요롭게 합니다.

행복한 나라의
불행한 사람들

**복지국가 스웨덴은
왜 실패하고 있는가**

박지우 지음

추수밭

스웨덴 복지국가 모델의 정확한 평가를 위해

2010년 초중반 한국을 휩쓴 북유럽 열풍은 잠깐 스쳐 지나가는 유행이 아니었다. 처음에는 패션, 생활용품, 인테리어 등 산업계를 위주로 불어 닥치더니 시간이 지나자 라이프스타일로까지 번졌다. 여유로움에 가치를 두는 북유럽식 삶은 학업, 육아, 직장생활 등 일상생활에서 출구 없이 꽉 막힌 우리의 답답한 현실에 새로운 대안으로 제시됐다.

많은 이들이 생각하는 것처럼 북유럽, 그중에서도 특히 스웨덴은 한국의 이상적인 탈출구가 될 수 있을까. 이 책은 내가 스웨덴에 살면서 스스로 던진 이 질문에 답을 구하려 노력한 결과물이다. 나는 우리가 그동안 동경과 부러움의 대상으로 바라보았던 스웨덴의 여러 모습을 다른 관점에서 뒤집어보고 싶었다. 빛이 있으면 그늘도 있다는 것을 이야기하고 싶었다.

스웨덴의 무상의료제도는 경제적 여유가 없는 이들도 의료비 걱정 없이 치료를 받을 수 있다는 점에서 순기능이 있다. 그러나 긴 대기시간과 질적으로 낮은 서비스 수준으로 인해 환자가 초기에 제대로 된 치료를 받기 어렵다는 단점을 동시에 지닌다. 빠르고 전문적인 의료서비스를 원하는 부유한 사람들은 결국 추가 비용을 지불하며 사보험에 가입한다. 무상의료제도는 누구에게나 공평한 서비스를 제공하는 것을 지향하지만 역설적으로 개인의 경제력 차이에 따라 의료서비스에 대한 접근성을 차등화시키는 결과를 낳았다.

스웨덴의 교육방식은 지나치게 경쟁적인 우리의 교육 환경에 대한 반성이자 대안으로서 각광받고 있다. 그러나 스웨덴에서도 상류층의 교육열은 높은 수준이어서 그들이 자녀 교육에 많은 공을 들인다는 사실은 우리에게 잘 알려져 있지 않다. 부와 계층의 대물림이 이미 고착화되어 교육을 통한 신분 상승이 쉽지 않다는 사실 역시 숨겨져 있다.

스웨덴의 자랑거리인 탄탄한 사회적 안전망에도 명암이 있다. 복지 재원을 충당하기 위해서는 높은 세금이 불가피하다. 그러나 세금은 살림살이 꾸리는 것을 빠듯하게 만든다. 저소득층을 제외하면 정부로부터 받는 복지혜택이 세금을 넘어서기 힘들기 때문이다.

그래서 스웨덴의 평범한 중산층 가운데 상당수가 돈 모을 생각을 접는다. 대신 일확천금의 꿈을 꾸며 복권과 도박에 열중한다.

이처럼 북유럽 국가들의 세금정책은 서민들에게 가혹하다. 대신 부자에게는 관대하다. 근로소득세율은 세계 최고 수준이지만 부자들의 자본소득세율은 매우 낮고 상속세와 증여세는 2000년대 중반 일찌감치 폐지됐다. 그 결과 스웨덴은 소득으로는 전 세계에서 가장 평등한 나라이지만 동시에 자산으로는 전 세계에서 가장 불평등한 나라가 되었다.

스웨덴 모델은 장점이 많지만 동시에 단점도 명확하다. 그러나 그간 우리나라에서 출간된 스웨덴 관련 서적들은 주로 장점에만 초점이 맞추어져 있었다. 이처럼 제한적인 시각에서 조명하면 또 다른 편견을 강화시킬 수 있다. 실제로 우리가 당연시하는 스웨덴의 여러 모습 중 적잖은 부분이 편견과 오해, 그리고 잘못된 상식에 입각하고 있다. 이를 허물기 위해서는 서로 다른 생각이 모여 부딪히고 조정되어야 한다. 이것이 내가 이 책을 집필하기로 결심한 이유다.

나는 우리가 몰랐던, 혹은 주목하지 않았던 스웨덴의 새로운 모습을 단순히 소개하는 것에 그치고 싶지 않다. 이 책이 스웨덴이 거쳤던 역사를 거울로 삼아 우리의 미래를 가늠해보는 계기가 되기를 바란다. 무상복지의 도입, 국민연금 등 복지제도의 개혁, 난민과 이민자 유입으로 인한 사회 갈등, 과도한 세금과 주거비 부담 등 스웨덴이 맞이한 현실은 언젠가 우리의 미래로 돌아올 수 있다.

객관성 확보를 위해 개인적인 경험은 가급적 자제하고 공신력 있는 기관의 통계와 보고서를 다수 인용했다. 또한 편향적인 관점을 배제한 채 되도록 냉철한 이성을 유지하려고 노력했다. 그럼에도 불구하고 이 책이 여전히 단편적이고 좁은 시선에 갇혀 있다면 저자의 식견이 부족한 탓이다. 이 점에 대해서는 독자들의 너그러운 양해를 구한다. 어느 한쪽에 편향되지 않는 균형 잡힌 시각을 가지기 위해서는 스웨덴을 다룬 다른 책들도 같이 읽기를 권한다.

2022년을 맞이하며
박지우

차례

정말 스웨덴이 복지천국일까

PART 2 세상에서 가장 불편한 세금의 진실

PART 3 스웨덴 사회, 그리고 스웨덴 사람들

부자 나라의 가난한 국민들

정말
스웨덴이
복지천국일까

의료서비스

치과 스케일링이
18만 원?

스웨덴의 의료서비스는 국가 예산으로 운영된다. 18세 이하의 미성년자에게는 병원비와 약값이 전액 무료로 제공되고, 성인은 연간 의료비 15만 원(1,150크로나, 1크로나=약 130원)까지는 본인이, 그리고 그 이상부터는 국가가 전액을 부담하는 구조다. 처방전에 대한 약값은 본인부담 상한액이 연간 30만 원(2,350크로나)으로 설정돼 있다.

물론 라식 수술이나 미용 목적의 시술처럼 필수적이지 않은 치료나 비타민과 같은 비처방 의약품은 보험 혜택 대상에서 제외된

스웨덴 최저가 치과병원의 진료비(예시)

검사내용	비용
기본 검진 및 진단	7만2,000원(550크로나)
정밀 검사	21만원(1,595크로나)
전체 엑스레이	11만5,000원(885크로나)
기본 발치(개당)	12만4,000원(950크로나)
어려운 발치(개당)	18만5,000원(1,425크로나)

연간 치료비 3,000크로나 이하에 한해 조사한 결과다. 스웨덴에서 진료비가 가장 저렴하다고 광고하는 한 치과병원의 홈페이지에서 발췌했다. 이 견적을 다른 병원과 비교하라고 당당하게 광고하고 있는 만큼, 해당 표의 내용은 최저가 수준이고 일반적인 치료비용은 이보다 더 높다고 봐야 할 것이다.

다. 예방주사 또한 본인 부담이 원칙이다. 대신 아무리 몸이 아파도, 혹은 아무리 큰 수술을 받더라도 매년 병원비 상한액 15만 원(1,150크로나)과 약값 상한액 30만 원(2,350크로나)을 합친 45만 원(3,500크로나) 이상은 부담할 필요가 없다. 중병에 걸리더라도 경제적 부담이 매우 낮은 이유다.

다만 본인부담 상한액이 적용되는 의료내역에 치과 진료는 포함되어 있지 않다. 23세 미만은 치과 치료를 전액 무상으로 받을 수 있지만, 그 이상은 나이에 따라 4만~8만 원(300~600크로나)의 보조금을 받고 이 보조금을 넘어서는 금액부터 39만 원(3,000크로나)까지는 전액 본인 부담을, 그리고 그 이상의 치료비에 대해서는 본인이 부담하되 50~85%까지의 감면 혜택을 받는다.

다만 진료비 자체가 비싸게 책정되어 있는 까닭에 본인 부담이 결코 가벼운 수준이 아니다. 나 역시 간단한 치과 상담으로 6만 5,000원(500크로나)이, 스케일링 한 번에 18만 원(1,400크로나)이 비용으로 청구된 것을 보고 깜짝 놀랐던 기억이 있다. 내 주변에서도 경제적 부담으로 인해 치과에서 치료하는 시기를 놓치거나 방치하는 사람들이 드물지 않았다. 그래서 치과 사보험을 별도로 가입하는 경우도 많다. 치아 상태가 좋다면 보험료는 한 달에 1~2만 원가량이다.

병원에 가지 못하는
스웨덴 사람들

의료비가 무상에 가깝다면 중증질환에 걸렸을 때 의료비 걱정부터 할 필요가 없다. 고액의 진료비 부담으로 경제적 파탄을 겪은 후 빈곤층으로 전락하는 일도 없다. 보건의료체계 개혁의 속도와 방향을 놓고 갑론을박이 여전히 뜨거운 우리의 입장에서 스웨덴은 마냥 부러움의 대상이다. 그러나 스웨덴의 의료 체계에는 우리가 잘 알지 못하는 맹점이 있다. 내가 원할 때 병원에 갈 수 없고, 내가 원하는 치료 역시 받지 못한다는 것이다.

스웨덴의 병원은 사전예약제다. 상담원은 환자의 증세가 병원 치료를 필요로 할 정도인지를 판단하고 그렇지 않을 경우 병원을 들르는 대신 집에서 충분한 휴식을 취할 것을 권한다. 단순 경증으로는 병원 예약이 어렵다. 감기나 소화불량으로도 대학병원을 드나드는 한국과는 다르다.

병원 예약에 성공하면 방문일은 대개 예약을 한 날에서 3일 후부터, 길면 한 달 이후의 날짜로 지정되는 편이다. 병원 예약을 한 당일 또는 그 다음날까지 일반의(GP)나 간호사를 만날 수 있는 환자의 비율은 두 명 중 한 명꼴(49%)에 불과하다.[1] 특히 여름이라면 더욱 긴 대기기간을 각오해야 한다. 의료진도 휴가를 떠나기 때문이다. 정부는 일반의 진료를 7일 이내, 전문의 진료는 90일 이내 가능토록 하겠다는 정책목표를 발표한 바 있지만 현실은 이상을 따르지 못하고 있다. 예약 없이 보건소를 당일 방문하거나 화상으로 의사에게 진료를 받는 원격의료서비스를 활용하는 방법도 있지만 접근성 문제는 여전히 계속되고 있다.

예약에 성공한 이후 진료를 받는 장소는 거주 지역의 보건소로 지정된다. 그리고 일반의나 간호사와 의료상담을 한 후 2만 6,000원(200크로나, 스톡홀름 기준) 정도의 진료비를 낸다. 보건소에서 전문의를 만날 필요가 있다고 판단하면 2차 병원의 해당 진료과로 연결을 해주지만, 이 과정을 생략한 채 환자가 임의로 전문의를 만날 수는 없다. 나도 스웨덴에 사는 3년 동안 전문의 치료를 받아본

적이 한 번도 없다.

응급조치를 받는 것 역시 쉽지 않다. 현지 언론에서는 생명이 위급한 환자가 구급차를 수차례 불렀으나 빨리 도착하지 않아 목숨을 잃게 되었다거나, 세 번의 전화와 13시간의 기다림 끝에 겨우 구급차를 타고 병원에 도착했다는 식의 이야기가 간혹 기사화되곤 한다. 응급실에 도착했다고 할지라도 생명이 위급하지 않는 이상 5~10시간 정도의 대기는 필수다. 내 직장동료는 손가락에 전기톱이 들어가 피가 철철 나는 상태로 급히 응급실을 찾았지만 한참을 기다려도 자기 차례가 돌아오지 않았다고 한다. 간호사를 붙들고 응급조치라도 취해달라고 부탁했지만, 그에게 돌아온 대답은 "그 정도로는 죽지 않는다"였다고 한다. 그날 그는 응급실 벤치에서 의사를 만날 때까지 7시간을 기다렸고 5만 2,000원(400크로나)의 진료비를 냈다.

더구나 오랜 대기를 거쳐 의사를 만났다고 하더라도 이것이 내가 원하는 치료를 받을 수 있다는 뜻은 아니다. 병원에는 값이 나가는 첨단 의료장비의 공급이 충분치 않거나, 장비가 있다고 하더라도 소극적인 의료진과 진료 환경 때문에 이를 활용하지 않는 경우가 많다.

한 친구가 스웨덴 병원에서 CT 촬영을 했던 이야기를 무용담처럼 늘어놓았던 적이 있었다. 나는 CT 촬영을 한 것이 왜 자랑거리인지 의아했지만, 옆에 있던 다른 스웨덴 친구는 어떻게 비싼 검사를 받을 수 있었던 것인지 놀라워했다. 친구의 설명을 들어보니, 스웨덴에도 한국처럼 건강보험심사평가원과 같은 기관이 있어 의사들을 대상으로 의료비가 제대로 쓰였는지, 환자에게 적절한 진료를 했는지 평가한다고 했다. 이 때 과잉진료를 한 것으로 오인받지 않기 위해서는 의사들이 소극적이고 방어적으로 진료를 할 수밖에 없다는 것이다.

친구는 내게 스웨덴 병원에서 원하는 치료를 받기 위해서는 증상을 크게 부풀려 이야기해야 한다는 충고를 건넸다. 심각한 상태가 아니라면 으레 제대로 된 검사도 받지 못한 채 병원을 나서야 하기 때문이다. 스웨덴 의사들이 내리는 가장 흔한 처방은 "우선 집으로 돌아가서 푹 쉬고, 그다음에도 증상이 계속되면 병원에 다시 들르라"는 것이다.

스웨덴에는 한국의 종합건강검진과 같은 개념이 없다. 여성들을 상대로 자궁암 검사를 무료로 실시해주는 것이 전부다. 임신 과정에서 제공되는 무상의료서비스 역시 최소한의 기본 검사에 한정된다. 내 지인은 임신 기간 중 단 두 번만 제공되는 초음파 촬영 시에 운이 나빠 태아 성별을 확인하지 못한 탓에 사비를 들여 재촬영을 해야 했다.

스웨덴에 살면 자연스레 병원을 잘 가지 않게 된다. 몸이 아프면 일단 집에서 쉰다. 병원은 그렇게 하고서도 낫지 않을 때 선택하는 최후의 보루다. 위급한 상황이거나 중대한 질병이 예상되는 경우에는 비교적 빠른 치료를 받을 수 있다고는 하나, 이는 다시 말하면 생명에 지장이 없을 정도의 질병에는 의료서비스 접근이 제한된다는 의미이기도 하다.

스웨덴 국민 1인당 의사 외래진료 횟수는 연간 2.8회로 OECD 국가 중 최하위권에 속한다. 보건소 방문 시 회당 2만6,000원(200크로나)를 낸다고 가정했을 때 평균적인 스웨덴 국민들은 연간 7만 3,000원(560크로나)의 의료비를 지출한다고 볼 수 있다. 그리고 이는 연간 의료비 본인부담 상한액인 15만 원(1,150크로나)에 훨씬 미치지 못하는 금액이다. 결국 평균적인 스웨덴 국민들은 의료비에 있어 복지혜택을 전혀 누리지 못하고 살아가는 셈이다. 나 역시 스웨덴에서 살던 기간 동안 한 번도 이 의료비 상한액을 넘어보지 못했다.

스웨덴의 의료시스템 아래 가장 큰 혜택을 입을 수 있는 순간은 중병에 걸려 치료와 수술을 해야 할 때다. 수술비용은 본인부담액 15만 원(1,150크로나)을 넘기지 않고 입원비 역시 하루에 1만 3,000원(100크로나)에 불과하다. 그러나 수술한 다음이 문제다. 부족한 병상 수 탓에 웬만큼 큰 병이 아닌 이상 병원 입원 기간이 1~2일 이내로 제한되기 때문이다. 내 주위의 한 지인은 자궁 적출 수술을 한 후 회복이 채 되지 않은 몸을 이끌고 하루 만에 퇴원했고 또 다른 지인은 인근 병원에서 병실이 나지 않아 차로 5시간 걸리는 지역까지 수술을 하러 다녀왔다. 스웨덴 인구 1,000명당 병원의

국가별 국민 1인당 의사 외래진료 횟수(2017년)

한국	16.6회
일본	12.6회
독일	9.9회
OECD 평균	7.1회
미국	4회
스웨덴	2.8회

국가별 인구 1천 명당 병원 병상 수(2018년)

일본	13.0개
한국	12.4개
독일	8.0개
OECD 평균	4.7개
미국	2.9개
스웨덴	2.1개

출처: OECD

병상 수는 2.1개로 한국의 12.4개에 크게 미치지 못하는 것은 물론이고 OECD 평균(4.7개) 역시 크게 하회한다.

더욱 걱정스러운 점은 의료시설이 대도시에 집중된 나머지 시골 지역은 상대적으로 열악한 의료 환경에서 벗어나지 못하고 있다는 것이다. 스웨덴 북부의 시골마을 솔레프테오시는 몇 년 전 지역병원의 산부인과 병동을 폐쇄했다. 연간 20억 원(1,600만 크로나)에 달하는 예산을 절감해야 한다는 것이 그 이유였다. 인근에서 가장 가까운 산부인과는 100~200킬로미터 정도의 거리로 마을에서 병원까지 가는 길은 휴대폰이 터지지 않고 인적도, 오가는 차량도 드문 시골길이었다. 병원은 불안에 떠는 산모들을 대상으로 자동차 안에서 출산하는 방법을 알려주는 강좌를 열었다. 이후 약 1년 6개월 동안 솔레프테오시에 살던 19명의 산모가 자신의 차에서, 혹은 앰뷸런스 안에서 아이를 낳았다.[2]

무상의료체계가 아닌 한국과 같은 나라에서는 경제적 이유로 의료 복지의 사각지대에 놓인 취약계층이 있다면, 스웨덴과 같은 무상의료국가에서는 긴 대기시간과 제대로 된 의료시스템의 부재로 적절한 치료를 받지 못하는 환자가 있다. 이처럼 아파도 치료받지 못하는 국민들의 존재는 무상의료국가와 유상의료국가 모두가 풀지 못하는 난제다.

공공의료보험에 가입되어 있어도
사보험이 따로 필요한 이유

스웨덴 국민 모두는 공공의료보험에 가입되어 있다. 그러나 여전히 사보험에 대한 수요가 존재한다. 공보험을 통해서는 느리고 부정확하던 의료서비스가 사보험을 통하면 신속하고 정확해지기 때문이다.

공보험으로는 보건소에 예약을 한 후 대기를 거쳐 일반의를 만나고, 일반의가 소견서를 작성해주면 또다시 얼마간의 기다림 후에 전문의를 만날 수 있다. 반면 사보험이 있으면 전문의를 만나기까지의 여러 단계가 단순화된다. 사보험 회사들은 '48시간 이내 전문의 예약 보장'과 같은 상품을 통해 가입자들에게 신속한 서비스를 제공하는데, 이것이 가능한 이유는 보험회사와 계약을 체결한 협력병원들이 보험회사를 통한 예약을 우선으로 두고 있기 때문이다.

2017년 기준 스웨덴의 16~64세 근로자 중 사보험에 가입한 비율은 13%다. 보험료는 대부분 재직 중인 회사에서 그 비용을 지원받기에, 빠르고 전문적인 의료서비스는 직원 복지가 상위 13% 수준인 회사를 다니는 사람들만 누릴 수 있는 특권이 된다.

멤버십으로 운영돼 VIP 환자를 위주로 받는 병원도 있다. 어린아이를 키우는 내 스웨덴 친구가 늦은 밤 열이 펄펄 끓어 축 처진 아이를 안고 부랴부랴 응급실로 달려간 적이 있었다. 그러나 8시간가량 잠도 못 자고 대기하며 진을 뺐다고 한다. 그는 결국 대기시간이 거의 없이 소아과 전문의 진료를 바로 받을 수 있다는 한 어린이 병원의 멤버십 프로그램에 가입을 했다. 그는 연간 120만 원이라는 적지 않은 비용을 지불하고 있지만 대기시간이 대폭 줄어든 것에 크게 만족한다고 했다.

의료서비스가 무상에 가깝더라도 돈 있는 사람들은 더 나은 서비스를 위해 기꺼이 추가 비용을 지불할 의사가 있다. 그러나 특권층이 빠르고 전문적인 의료서비스를 받는 동안, 사보험을 가입하지 못하는 평범한 스웨덴 국민들은 상대적으로 부당한 제약과 차별을 견뎌내야 한다. 결국 '복지천국' 스웨덴에서도 계층에 따라 의료 양극화가 발생하고 있는 셈이다.

공짜면
양잿물도 마신다?

공공의료는 국가예산에 의료 환경이 좌우되는 경직된 시스템이다. 국가는 의료비 지출이 과다해지지 않도록 예산을 엄격히 관리한다. 국민의 세금을 쪼개 재원을 마련하는 까닭에 고가의 의료 장비나 시설 역시 충분히 구비하지 못한다. 상식적으로 생각했을 때 이러한 체계 아래 의료비 예산은 낮은 수준에서 유지되어야 마땅하다.

그러나 아이러니하게도 정부가 의료자원을 배분하고 무분별한 의료비 지출을 통제하고 있는 스웨덴에서 경상의료비 지출은 국내총생산GDP 대비 무려 11%에 달하는 수준이다. 이는 8%의 한국을 훨씬 웃도는 수치다. 경상의료비의 GDP 대비 비율은 정부가 의무 가입을 강제하는 공공의료보험비와 국민들이 자율적으로 가입하는 민간의료보험비, 비급여 본인부담과 같이 가계가 직접 부담하는 의료비 등 국민이 한 해 동안 보건의료 재화와 서비스를 구매하는 데 지출한 최종 소비가 GDP에서 차지하는 비중을 가리키는 개념이다.

유상의료국가 중 미국처럼 GDP의 17%를 의료비로 지출하여 가계에 큰 부담을 주는 경우도 있지만, 한국처럼 병원 방문이 잦고 고가의 검사를 많이 받으며 장기 입원을 하는 환자가 많은 나라에서 의료비 지출이 GDP 대비 8%에 불과하다는 사실은 다소 의외의 결과가 아닐 수 없다. 이는 공공과 민간의료보험이 적절히 어우러진 우리나라의 의료체제가 그만큼 비용 효율적으로 운영되고 있다는 의미일 수 있다.

국가별 물가 수준을 반영한 1인당 의료비 지출내역을 살펴봐도 마찬가지다. 우리나라 국민의 1인당 경상의료비는 3,085달러로 OECD평균(4,964달러)은 물론이고, 스웨덴(5,433달러), 노르웨이(6,283달러), 덴마크(5,294달러) 등 북유럽의 무상의료 국가들을 크게 하회한다.[3] 한국 사람들은 연간 평균 외래진료 횟수가 16.6회에 달

국가별 GDP 대비 경상의료비 비율(2018년)

미국	16.9%
독일	11.2%
스웨덴	**11.0%**
일본	10.9%
OECD 평균	8.8%
한국	**8.1%**

출처: OECD

할 정도로 병원을 자주 드나들면서도 스웨덴(국민 1인당 연간 외래진료 횟수 2.8회)의 절반에 불과한 의료비를 지출하고 있다.

공공의료 체계의 또 다른 문제는 공정한 줄서기가 엄격하게 이뤄지지 않는다는 점이다. 우리의 일반적인 통념과는 다르게 무상의료서비스를 제공하는 국가에도 대부분 민간의료보험 시장이 존재한다. 그리고 그 골자는 국가를 막론하고 대동소이하다. 공보험을 통하면 오랜 대기시간을 거쳐야 일반의를 만나지만, 민간의료보험을 통하면 대기시간이 없거나 매우 짧아 전문의를 바로 만날 수 있다는 것이다.

독일 건강보험의 보험료율은 급여의 14.6%에 달하니 결코 낮은 편이 아니다. 그럼에도 불구하고 공보험으로는 오랜 대기시간과

질적으로 낮은 서비스 수준을 피할 수 없다. 결국 경제적으로 여유가 있는 사람들은 보장 범위가 훨씬 넓고 대기시간이 단축되는 사보험을 별도로 가입한다. 심지어 독일의 민간의료보험은 가입 조건이 까다롭다. 연봉이 8,600만 원(6만4,350유로) 이상이 되어야 한다. 민간의료보험 소지자만 가려 진료하는 의사나 병원도 따로 있다. 이처럼 모두에게 공평한 의료서비스를 지향하는 무상의료체제는 아이러니하게도 서민들이 공보험을, 부유층이 사보험을 가입하게 되는 불평등한 상황을 낳았다.

'무상의료'란 말은 모순이다. 막대한 국민 세금이 투입되는데 '무상'일 수가 없다. 문제는 국민들이 세금을 낸 만큼의 대가를 누리고 있느냐는 것이다. 중요한 것은 의료의 질이다. 유럽의 복지국가들이 많은 의료비용을 지출하면서도 접근성이나 공정성과 같은 의료서비스의 질 측면에서 높은 평가를 받지 못한다는 사실은 공공의료체제의 효율성에 대한 의문을 갖게 한다. 빈부에 관계없이 아프면 치료를 받을 수 있다는 생각 자체는 정말 이상적이지만 현실의 공공의료제도는 돈은 돈대로 많이 들고 의료서비스는 형편없는 그야말로 '밑 빠진 독'이 되어버렸다.

그럼에도 불구하고 우리나라에서 무상의료와 같은 보편적 복지는 늘 인기가 많다. 모든 가정에게 공평하게 혜택이 돌아가는 것처럼 보이기 때문이다. 그래서 표만 쫓는 정치인들은 대승적인 결단이라도 내린 듯 선심을 쓰며 무상복지 공약을 경쟁하듯 쏟아낸다.

그러나 이들이 주장하는 것과 같이 건강보험의 지속가능성을 확보하면서도 유럽식 무상의료에 근접한 시스템을 만들고자 한다면, 무상의료체제에 몇 가지 제약이 따른다는 사실 역시 국민에게 알리고 동의를 구해야 한다. 의료서비스가 무상으로 제공되면 지금보다 수요가 크게 증가할 것이지만 공급이 한정된 이상 병원 예약은 지금보다 훨씬 어려워질 수밖에 없다. 그래서 병원 방문까지 대략 한 달 혹은 그 이상의 시간이 걸리더라도 이를 감내해야 한다. 감기나 가벼운 찰과상 정도로 병원을 갈 수 있도록 문턱을 낮추어서는 안 되고, 한 병원에서 진단을 받더라도 다른 병원을 들러 진단을 다시 받아보는 것이나, 각 분야의 명의로 알려진 유명한 의사를 선택해 진료받는 것 역시 금지되어야 한다. 원래 무상의료체제를 가진 국가에서는 국민들에게 의료서비스에 대한 선택권을 부여하지 않는다. 그렇지 않고서는 건강보험의 막대한 적자를 감당할 수 없기 때문이다.

육아 및 교육

회사에
아이를 데려오는 부모들

스웨덴에는 육아휴직 중인 아빠를 일컫는 '라테파파'라는 말이 있다. 실제로 스웨덴에서는 낮 시간에 아빠 혼자 커피를 마시며 유모차를 끌고 다니는 모습을 쉽게 목격할 수 있다. 총 480일의 기간 중 최소 90일 이상을 아빠에게 할당시킨 육아휴직제도는 스웨덴 아빠들의 육아 참여를 크게 증가시킨 실질적인 요인으로 꼽는다.

거의 모든 스웨덴의 아빠들은 육아휴직을 사용한다. 고용주의 눈치를 볼 필요도, 승진 불이익을 걱정할 필요도 없다. 아빠가 절반의 육아 책임을 지는 것은 자녀에게 정서적으로 도움이 되기도 하지만, 여성의 노동시장 진출을 촉진시키고 여성의 출산 부담을 줄이는 저출산 해결책이 될 수도 있다. 스웨덴의 조출생률(인구 1,000명 당 새로 태어난 사람의 비율)은 2020년 기준 10.6명으로 5.3명인 한국에 비해 훨씬 높다.

육아와 관련된 정부의 금전적 지원도 있다. 육아휴직 기간 중 첫 390일은 휴직 전 급여의 80%(상한액 하루 13만 원, 1,006크로나), 나머지 90일은 정액으로 하루에 2만3,000원(180크로나)을 받는다. 직업이 없거나 소득이 매우 낮은 사람은 480일 동안 하루 3만2,000원(250크로나)을 수령한다. 육아휴직 급여는 전액 스웨덴 사회보험청에서 지원하며 고용주에게는 부담 의무가 없다.

미성년자의 자녀를 두고 있으면, 양육수당으로 월 16만 원(1,250크로나)을 받는다. 다자녀이면 수당이 더해지기 때문에 아이가 둘이면 34만 원(2,650크로나), 셋이면 58만 원(4,480크로나), 다섯이면 총 120만 원(9,240크로나)을 수령할 수 있다. 심지어 양육수당은 비과세다. 양육수당 수령을 위해 일부러 아이를 많이 낳는 이민자 가정이 일부 존재할 정도다.

너그러운 양육수당뿐만 아니라 일과 육아의 병행을 배려하는 사회적 분위기는 육아정책의 실효성을 강화시키는 데 큰 몫을 하고 있다. 아이를 유치원에 보낼 수 없는 이유가 있다면 직장에 데려와도 괜찮다. 스웨덴 회사들은 대부분 독립된 방에서 2~3명 정도가 모여 일하기 때문에 아이를 데리고 출근하더라도 눈치를 볼 필요가 없다. 개인적인 경험담을 사례로 들자면, 어느 날 회의에 참석했더니 한 남자직원이 데리고 온 어린 딸이 옆자리에 얌전히 앉아 있었다. 직원은 참석자들에게 딸을 데려온 것에 대한 양해를 구했고 모두 흔쾌히 허락해주었다. 우리가 회의를 하는 내내 아이는 아빠 옆에서 열심히 그림을 그리고 있었다.

학용품까지
무료로 제공되는 학교

스웨덴 부모들은 아이가 생후 12개월이 넘으면 탁아소에 보낸다. 탁아소는 추첨에서 탈락되는 경우 없이 모든 아이에게 배정되는 것이 원칙이다. 그러나 집에서 가까운 곳, 환경이 더 좋은 곳으로 보내고 싶어 하는 부모들은 아이가 태어나자마자 입소 대기를 걸거나 육아휴직을 연장하면서까지 원하는 탁아소로의 배정을 기다리기도 한다. 비용은 부모의 소득에 따라 매달 최대 19만6,000원(1,510크로나)까지다.

초등학교부터 대학교까지는 학비가 전액 무료다. 만 18세까지는 학용품 구입마저 국가에서 책임진다. 초등학교의 방과 후 프로그램은 유료지만 소득수준에 따른 차등화를 실시해 학부모들의 경제적 부담을 최소화하고 있다. 지자체에서는 악기, 연극, 댄스 등의 레슨을 받을 수 있는 문화예술 프로그램이나 축구, 승마 등의 운동 종목을 가르치는 스포츠클럽을 매우 저렴한 비용에 제공한다.

다만 모든 종류의 교육이 다 무상이거나 무상에 가까울 정도로 저렴한 것은 아니다. 부자나 귀족의 자녀들, 스웨덴 공교육 시스템에 적응하기 어려운 외국인들을 대상으로 하는 기숙학교와 국제학교 도 있다. 기숙학교는 등록비, 특별 활동비, 교복비 등 추가 비용을 제 외하고도 연간 학비가 3,000만~5,000만 원, 국제학교는 1,500여 만 원에 달할 정도로 비싼 편이다. 대신 IB 디플로마 프로그램 등 심화교육 과정을 실시하는 차별화된 교육경쟁력을 갖추고 있다.

고등학교를 졸업한 후 대학이나 직업학교에 진학한다면 생활 비 명목으로 방학을 제외하고 매주 10만7,000원(828크로나)을 국가 에서 지원받는다. 물론 이 금액이 스스로 생활을 이어 나가기에 충 분할 정도는 아니다. 학교는 무료이지만 월세와 식비, 교통비는 무 료가 아니기 때문이다. 고등학교 졸업과 동시에 부모로부터 경제적 그리고 정신적으로 독립해 홀로 생활하는 경우가 많은 스웨덴 학생 들에게는 돈이 많이 필요하다.

그래서 대부분의 학생들은 생활비 명목으로 매주 24만7,000원 (1,904크로나) 수준의 대출을 받는다. 이 지원금과 대출금액을 합하 면 1주에 35만5,000원(2,732크로나), 20주에 710만 원(5만4,640크로 나) 정도의 금액을 조달할 수 있어 생활비나 용돈으로 요긴하게 사용할 수 있다.

그래서 85%의 스웨덴 학생들은 사회초년생으로서 첫 발을 딛기도 전에 채무를 지고 있다. 채무의 평균 규모는 1,612만 원(12만 4,000크로나)이다. 다만 학생들을 위한 생활비 대출은 이자율도 매우 낮을 뿐더러 취업 후 최대 25년, 60세가 되기 이전에만 상환하면 되도록 설계돼 차주의 부담을 크게 낮추고 있다.[4]

우리 학교가
파산했어요

스웨덴은 민간사업자가 학교 운영으로 수익사업을 할 수 있도록 허용한 최초의 국가 중 하나다. 1992년, 당시 공립학교만 존재하던 스웨덴의 교육시장에 경쟁체제를 도입하는 내용을 골자로 한 대대적인 교육제도 개편이 일어났다. 일정 요건만 갖추면 '자유학교free school'라고 불리는 사립학교를 설립할 수 있게 되자, 일반 개인, 재단, 조합, 주식회사 형태의 교육기업들이 교육 시장에 뛰어들었다. 자유학교를 설립하는 것이 핫도그 가게를 창업하는 것보다 더 쉽다는 농담이 나올 정도였다. 또한 학생들에게는 지역과 상관없이 공립학교와 자유학교 중에서 다니고 싶은 곳을 고를 수 있게 하는 선택권이 주어졌다. 경쟁과 효율 추구라는 우파적 관점이 교육에 투영된 것이다.

스웨덴에서 가장 큰 학교법인으로 꼽히는 아카데메디아**Acade-Media**는 노르웨이와 독일에서도 학교를 운영하고 있다. 연간 매출액은 총 1조6,000억 원(122억 크로나), 영업이익은 1,265억 원(9억 7,300만 크로나)에 소유하고 있는 자유학교 수가 660여 개, 소속 임직원 수 1만7,600명, 학생 수는 18만2,500명에 달하는, 아카데메디아는 그야말로 교육 분야의 공룡기업이다.[5]

아카데메디아의 대주주는 스웨덴의 대표재벌인 발렌베리가문 **Wallenberg family**에서 설립한 사모펀드 운용사 EQT 파트너스였다. EQT 파트너스는 아카데메디아가 2016년 스웨덴의 증권거래소에 상장한 이후 지분을 모두 팔고 떠났다. 스웨덴의 또 다른 거대 학교법인인 JB에듀케이션은 덴마크의 사모투자펀드인 악셀이 소유하고 있었다. 그러나 JB에듀케이션은 학생 수의 지속적인 감소로 운영난에 시달리다 1,300억 원(10억 크로나) 이상의 부채를 남긴 채 2013년 파산했다. 학생 수에 따라 예산을 배정하는 정부 규정에 따라 지원금을 많이 받지 못한 탓이다. 악셀이 운영하던 학교의 대다수는 다른 업체에 인수되었지만 4개의 학교는 결국 문을 닫아야 했다.

사모펀드와 교육사업은 언뜻 보면 서로 어울리지 않는 조합이다. 그럼에도 불구하고 사모펀드가 교육사업에 진출했다는 것은, 교육이 돈을 버는 수단이 되었다는 의미로 해석될 수 있다. 사모펀드는 경영 특성상 단기이익을 극대화하는 것에 운영의 목적을 둔다. 즉 사모펀드를 대주주로 두고 있던 아카데메디아나 JB에듀케이션의 학교들은 수익성을 높이기 위해 학생들을 상대로 비용절감에 나섰을 가능성이 매우 높을 것이다. 그리고 이들의 근시안적이고 비즈니스적인 시각으로 봤을 때는 교육을 잘 받아 학업성취도가 높은 스웨덴 태생의 중산층 아이들이 비용 효율적이고, 언어·문화적 차이로 의사소통에 어려움이 있거나 정서·사회적 발달이 더딘 이민자·저소득 가정의 아이들이 비용 면에서 불리한 것으로 평가되었을 것이다.

아카데메디아 측은 이처럼 자유학교를 둘러싼 부정적인 시각에 대해 학교 물품을 대량 조달하고 행정 효율성을 높여 비용절감을 추구하고 있을 뿐이라고 항변한다. 그러나 사실 고정비용 절감에 가장 효과적인 방법은 인건비 감축이다. 실제로 자유학교는 교사 1인당 학생 수가 공립학교에 비해 많다. 경력이 부족한 교사를 많이 채용하는 까닭에 교사들의 평균급여도 낮다. 또한 과학실, 도서관, 간호교사 등을 필수로 구비해야 할 필요가 없어 그만큼의 예산을 아낄 수 있다.

자유학교의 입학은 선착순으로 마감된다. 아이를 좋은 학교에 보내고 싶어 하는 부모는 아이가 태어나자마자 입학 신청을 한다. 입학 경쟁이 치열하다 보니 같은 해에 태어나더라도 생일이 빠른 아이들만 주로 다니는 학교도 있다고 한다. 연말에 태어난 아이들은 선착순 접수에 불리하기 때문이다. 이처럼 자녀 교육에 열정적인 부모들이 평이 좋은 학교를 찾아 일찌감치 등록을 마치는 동안 그렇지 않은 부모들은 집 근처의, 자리가 비어 있는 학교를 선택지로 제시받는다.[6]

이 같은 자유학교시스템의 도입이 계층 간 격차를 악화시켰다는 주장은 스웨덴에서도 꾸준한 논쟁거리가 되고 있다. 스톡홀름 시내 부촌 지역에 위치한 자유학교에는 부자 부모를 둔 학생들이 많지만, 빈촌에 위치한 학교에는 이민자 가정 출신의 학생들이 많다는 사실은 거주 지역에 따라 교육의 질이 결정될 수 있다는 점을 시사한다.

왜 스웨덴 학생들은
학업성취도가 높지 않을까

2000년대 초반만 해도 스웨덴 학생들의 기초학력수준은 우수한 편이었다. OECD가 만 15세 학생들의 읽기, 수학, 과학에 대한 교육수준을 3년 주기로 평가하는 국제학업성취도평가PISA에서 스웨덴은 읽기, 수학, 과학 모두 상위권을 기록해왔다.

그러나 2012년 치러진 PISA의 평가 결과, 스웨덴 학생들의 수학점수는 34개국 중 28위를, 읽기와 과학 점수는 27위를 기록하며

PISA OECD 회원국의 영역별 국제 비교 결과

국가	2012년			2018년		
	읽기	수학	과학	읽기	수학	과학
한국	536	554	538	514	526	519
일본	538	536	547	504	527	529
미국	498	**481**	**497**	505	**478**	502
스웨덴	**483**	**478**	**485**	506	502	499
OECD 평균	496	494	501	487	489	489

출처: OECD. 평균 미만의 점수는 굵은 글씨로 표시

참여국 중 가장 급격한 하락세를 보였다. 뿐만 아니라 최고점과 최저점을 받은 학생들 사이, 그리고 사회경제적 지위가 높은 가정 출신의 학생과 그렇지 않은 학생들 사이의 격차가 커지고 있다는 우울한 결과도 발표되었다.

오랫동안 PISA 순위에서 우등생이었던 스웨덴의 순위 하락은 세계 교육계에도 커다란 충격을 안겨주었다. 교육은 미래의 국가 경쟁력과 직결되는 문제이기 때문이다. OECD는 스웨덴의 교육시스템에 대해 개혁이 시급하다고 경고했다. 이에 스웨덴 정부는 교사 수를 늘리고, 커리큘럼을 수정하는 등 교육시스템 전반에 변화를 시도했고 그 결과 2018년 PISA에서 다시 평균을 훨씬 웃도는

우수한 성적을 기록할 수 있었다. 다만 이 결과에 대해서는 성적이 하위권인 학생을 샘플에서 의도적으로 배제하는 등 조작이 있었다는 논란이 제기된 바 있다.[7]

비록 최근 결과에서 만회하기는 했지만, 지난 10여 년 동안 스웨덴에서는 학업성취도 하락의 원인을 놓고 논란이 많았다. PISA는 OECD 국가 중 스웨덴 학생들이 가장 지각을 많이 하며, 인내심, 자신감, 신뢰, 실수 인정 등의 비인지적 역량 면에서 크게 낮은 점수를 기록했다는 내용의 보고서를 발표했다. 이처럼 어수선한 교실 분위기가 학생들의 학업성취도에 부정적인 영향을 주었을 수 있다.

교사의 권위 하락이 원인으로 작용했을 수도 있다. 스웨덴에서 교사는 학생 훈육에 있어 확실한 권위를 가질 수 없다. 미성년자도 독립적 인격체와 책임의 주체로 간주하는 교육이념 아래 학생들의 일탈에도 강하게 제재를 할 수 없기 때문이다. 내 직장동료는 딸이 다니는 고등학교에서 "부모의 허락 없이 낙태를 할 수 있으니, 임신을 했다면 상담센터로 연락하라"고 안내한다며 불만이 많았다. 스웨덴에서는 미성년자도 보호자의 동의를 받으면 낙태를 할 수 있으나, 보호자가 반드시 부모일 필요는 없다. 학생들의 생활지도에 있어 처벌과 통제가 아닌, 학생 의견을 지나치게 관용적으로 존중해주는 스웨덴의 교실 상황이 학습능력의 저하를 불러왔을지도 모른다.

혹은 교사 부족 현상이 문제일 수도 있다. 스웨덴에서 교사는 비

인기 직업이다. 급여가 높지 않고 행정업무가 과중하기 때문이다. 최근 교사 처우에 대한 정부 정책의 변경으로 교사들의 세전 급여가 평균 510만 원(3만9,300크로나)⁸ 수준까지 올랐지만 여전히 인재들을 교직으로 유입시키는 것에는 역부족인 것으로 나타났다. 스웨덴 교육부에서는 2033년까지 18만 명의 교사가 부족할 것으로 예상하고 있다. 교사가 부족해졌을 때 교육의 질이 저하되는 것은 너무나 당연하다.

이민자 자녀의 급격한 증가도 원인이 될 수 있다. 난민을 포함한 이민자 가정의 자녀들은 스웨덴인 학생들에 비해 학업 능력이 다소 뒤쳐지는 경우가 많기 때문이다. 그러나 16만 명의 난민이 대거 입국했던 2015년 이후 오히려 스웨덴에서 성적이 향상되는 추세를 보이고 있다는 점을 생각해볼 때 이민자 수의 증가는 전반적인 성적 하락을 불러온 주요 요인이 아닐 지도 모른다.

한국 언론에서 비춰지는 스웨덴 학교는 그야말로 학생들에게 천국과 같다. 청소년들은 입시나 사교육을 모르고, 고등학교만 졸업해도 자신의 꿈을 마음껏 펼칠 수 있다고 한다. 물론 대다수의 평범한 스웨덴 학생들에게 한국과 같은 입시 스트레스가 없는 것은 사실이다. 그러나 이와 동시에 공부를 많이 시키지 않고 수업 진도가 느리다는 이유로 스웨덴의 학교시스템에 불만이 많은 학부모나 학생 역시 꽤 많다는 사실은 우리에게 잘 알려져 있지 않다.

나는 자녀 교육에 열성을 쏟고 있던 스웨덴의 상류층 부모들을 여럿 만났다. 이들의 말에 따르면 꽤 많은 스웨덴 학생들이 돈이 전혀 들지 않는 스웨덴의 평범한 학교를 마다하고 연간 수천만 원에 달하는 학비를 지불하는 기숙학교나 국제학교를 택한다고 했다. 그리고 스위스나 영국 유명 사립학교의 교과과정인 IB 디플로마 프로그램 등을 밟으며 명문대 입시를 준비한다고 했다. 또한 이 아이들은 학교 수업을 점검해주고 숙제를 봐주는 일대일 과외와 예체능 분야의 비싼 레슨을 받고 있는데, 이러한 형태의 사교육은 그들 사이에서는 이미 흔한 수준이라는 것이다. 그리고 성장하면 상당수가 미국의 사립대학교로 유학을 간다고 했다.

미국, 유럽 등 서구 선진국 상류층의 사교육 열정은 한국 부모들에 못지않다. 다만 모든 학부모들에게 사교육과 관련된 정신적·경제적 부담이 가해지는 한국과 다르게 일부 집단이나 계층의 관심사에 국한된다는 점에서 차이가 있을 뿐이다. 이들 선진국에서는 부모세대의 사회경제적 지위를 자식세대에게 물려줘야 하는 상류층과 한 달 벌어 한 달 먹고사는 보통의 사람들이 교육에 대한 태도를 다르게 취한다.

더구나 스웨덴은 직업에 따른 소득 격차가 크지 않은 나라다. 근로소득으로 부자가 되거나 신분이 상승하는 경우 역시 드물다. 스웨덴 학생들이 무리한 입시 경쟁을 치를 필요가 없다는 사실은 좋은 대학을 가더라도 그렇지 않은 경우와 비교해 크게 다른 삶을 살지 않기 때문일지도 모른다.

반면 최근 약화되는 추세이기는 하지만 아직까지 한국에서는 교육이 기회의 사다리 역할을 하고 있는 편이다. 그래서 서구 선진국들과 달리 한국에서는 가난한 사람들까지도 자식에게 최고의 교육을 받게 하려는 욕심을 낸다. 자식이 공부를 잘 하면 부모보다 더 잘 살 수 있을 것이란 희망이 남아 있기 때문이다. 우리의 뜨거운 교육열은 분명 심각한 사회적 문제이지만, 최하위층도 신분 상승의 꿈을 버리지 않을 만큼 계층의 고착화가 덜 진행되었다는 반증일 수 있다.

모난 돌이
정 맞는다

스웨덴을 비롯한 북유럽에 존재하는 매우 독특한 사고방식이 있다. 내가 상대방보다 우월한 존재가 아니라는 마음가짐을 가리키는 '얀테의 법칙'이 바로 그것이다. 나를 상대방과 비교하지 않으니 자신을 향한 비하와 열등감 속에 쉽게 빠지지 않으며, 한편으로는 우월감으로 상대방을 낮춰보지 않으니 저절로 겸손해진다. 대부분의 평범한 사람들에게는 이 얀테의 법칙이 공동체 속에서 서로 존중하고 협력할 수 있는 기준으로 작용한다.

그러나 매우 뛰어난 재능을 가지고 태어난 학생의 경우라면 다르다. 남들과 크게 다르지 않고 뛰어나지 않으며 특별하지도 않다는 이야기를 듣고 자란 학생은 타고난 재능을 발굴하지 않고 평범하게 살아야 한다는 압박감에 시달릴 수 있다. 심지어 스웨덴 학교에서는 특정 학생이 지닌 재능이나 실력을 공개적으로 칭찬하지 않는 것을 원칙으로 한다. 나머지 학생들이 소외감을 느낄 수 있다는 이유에서다.

그래서 스웨덴에는 우리나라의 과학고·영재고 같은 특수 목적의 엘리트 학교가 없다. 고교생을 대상으로 수학, 물리, 경제학 등 특정 교과에서 대학 수준의 교육과정을 이수할 수 있도록 선행학습이 시작된 때가 불과 2008년이다. 그 전에는 재능 있는 학생들을 대상으로 한 영재교육 시스템이 마련되어 있지 않았다. 아울러 스웨덴에는 엘리트 체육시스템 역시 없다. 청소년 국가대표로서 수영 선수인 아들을 두었던 나의 지인은 훈련비나 대회 참가비 등 모든 비용을 전적으로 자비로 부담해야 한다며 경제적으로 매우 힘들어했다. 스웨덴 국가대표팀이었던 한 성인 선수가 대회 참가 비용을 마련하기 위해 건물 청소부로 일했던 사실이 뉴스에서 보도되며 화제가 된 적도 있다.

스웨덴에서 한 대학생을 만난 적이 있다. 내가 한국인이라는 사실을 알자 그는 매우 반가워하며 교환 학생으로 서울대에 다녀왔던 이야기를 해주었다. 서울대 재학 시절 그가 느낀 가장 행복했던 기억은 열심히 공부하는 학생에 대한 시선이 매우 긍정적이고 우호적이었다는 것이다. 그는 스웨덴에 살 때 공부를 열심히 하면 특이하게 바라보는 친구들 사이에서 항상 주눅이 들어 있었다고 했다. 극심한 경쟁에 내몰리며 스트레스를 받는 한국 학생들과 공부하며 오히려 마음껏 공부해도 괜찮은 그 분위기가 더 좋았다고 느낀 것을 보니 그가 정말 학창시절 '모난 돌' 취급을 받았겠구나 싶었다.

얀테의 법칙

1. You're not to think you are anything special.

   당신이 특별한 사람이라고 생각하지 마라.

2. You're not to think you are as good as we are.

   당신이 남들보다 좋은 사람이라고 생각하지 마라.

3. You're not to think you are smarter than we are.

   당신이 남들보다 똑똑하다고 생각하지 마라.

4. You're not to imagine yourself better than we are.

   당신이 남들보다 낫다고 생각하지 마라.

5. You're not to think you know more than we do.

   당신이 남들보다 더 많이 안다고 생각하지 마라.

6. You're not to think you are more important than we are.

   당신이 남들보다 더 중요하다고 생각하지 마라.

7. You're not to think you are good at anything.

   어떤 것이든 잘할 수 있다고 생각하지 마라.

8. You're not to laugh at us.

   남들을 비웃지 마라.

9. You're not to think anyone cares about you.

   누군가가 당신에게 관심이 있다고 생각하지 마라.

10. You're not to think you can teach us anything.

    당신이 남에게 뭔가를 가르칠 수 있다고 생각하지 마라.

연금 및 고용보험

은퇴한 스웨덴 노인들은
연금을 얼마나 받을까

스웨덴 사람 10명 중 8명은 국민연금만으로 노후에 필요한 최소생활비를 충당할 수 없을 것이라고 생각한다. 그리고 전체 응답자의 64%는 정부가 국민연금 기금 운용비에 예산을 충분히 할당하지 않을 것이라고 예상한다.[9] 더구나 현재의 연금수준을 유지하려면 현재 32% 수준인 지방소득세(국세는 20%)를 40% 수준까지 높여야 한다고 하니 미래 세대 입장에서는 국민연금의 삭감이나 대규모 증세가 우려될 수밖에 없을 것이다.[10] 이처럼 복지천국 스웨덴에서조차 젊은 세대, 여성, 저소득층을 중심으로 연금에 대한 불신이 커지고 있다.

스웨덴에서 연금의 종류는 세 가지다. 국민연금, 재직했던 회사에서 충당해주는 직업연금, 그리고 개인연금이다. 스웨덴의 노인들은 평균적으로 170만 원(1만3,200크로나)의 국민연금을 수령한다. 그 외에 46만 원(3,587크로나) 상당의 직업연금이 있다.[11] 직업연금은 고용주의 의무사항이 아니지만, 대략 90%의 스웨덴 기업들이 복리후생 명목으로 이를 부담하고 있다. 물론 자영업자나 취업을 한 적이 없는 사람들은 직업연금의 수급대상이 되지 못한다. 마지막으로 개인연금은 개인이 자발적으로 가입하는 연금이다. 국민연금만으로는 물가 높은 스웨덴에서 안정적인 노후 대비를 하기에 부족하므로 스웨덴 사람들은 대개 개인연금까지 함께 가입하고 있다.

대부분의 스웨덴 노인들에게 은퇴 후의 주된 소득원은 연금이다. 여유로운 노후생활을 위해서는 부부가 평생을 쉬지 않고 풀타임으로 근무해 연금을 한 푼이라도 더 불리고, 여전히 부족한 부분은 개인연금으로 메워야 한다. 스웨덴 사람들은 평균적으로 64.6세까지 일을 한다. 그리고 65세부터 연금을 수령한다. 이보다 손해를 보면서 앞당겨 탈 수도 있고, 반대로 수령시기를 늦추어 더 많이 받을 수도 있다. 더 많이 내고, 더 오래 일하고, 더 늦게 받아야 연금 수령액이 늘어난다.

생활이 보다 어려운 노인들을 위해서는 매월 102만 원(7,861크로나, 참고로 독신가구에는 월 8,597크로나 즉 112만 원)가량의 기초연금이 지급된다.[12] 그러나 기초연금에서 세금과 주택임대료를 제하면 남는 돈은 월 50만 원 남짓으로 물가 높은 스웨덴에서 생활비를 충당하기에는 빠듯한 수준이 된다. 연금생활자 중 10% 정도인 23만 명이 이처럼 기초연금만으로 생활을 영위하고 있다고 한다.[13]

한편 스웨덴 연금청은 1990년대에 일찌감치 대대적인 국민연금제도의 개혁을 실시하고 경제성장률이 낮아지면 연금지급금액을 자동으로 낮추는 장치를 도입했다. 제도의 지속가능성을 높이고 미래 세대가 희생해 고령자의 연금을 부담하는 사태를 막기 위해서다. 실제로 리먼 브라더스 사태가 발생했던 2008년을 비롯해 지금까지 수차례 연금액이 감액된 바 있다.

쓰레기통을 뒤지고 다니는 스웨덴 노인들

가난이 없을 것만 같은 스웨덴에서도 쓰레기통을 뒤지며 빈 병을 줍는 노인들이 있다. 폐지를 가득 실은 리어카를 끌고 다니는 한국의 노인들처럼 스웨덴 노인들은 큰 봉지를 가지고 다니며 빈 병을 모은다. 이들은 슈퍼마켓에 빈 병을 돌려주고 병당 100~200원 정도를 받아 용돈과 생활비를 벌곤 한다.

과거에 비해 사회보장제도가 약화되면서 팍팍한 살림살이의 어려움을 토로하는 스웨덴 노인들이 늘어나고 있다. 국가에서 노인들을 위해 아무리 촘촘한 사회안전망을 마련하고 있다고 하더라도 모두가 경제적으로 여유롭게 살 수는 없는 법이다. 100만 원 남짓의 기초연금과 공병을 주워 판 돈으로 살아가고 있는 이들 노인들은 분명 스웨덴 사회의 우울한 단면이다.

스웨덴 국민연금의 소득대체율(은퇴 전 벌어들이는 소득 대비 은퇴 후 받는 연금 수령액 비율)은 절반 남짓이다. 연금만으로 생활비를 충당하기가 다소 빠듯한 이유는 세금과 주거비의 탓이 크다. 요양시설에 입주한다고 하더라도 아파트 거주에 맞먹는 수준의 임대료를 납부해야 하니 주거비를 아낄 수 있는 방법은 그리 많지 않다. 특히 주거비에 대한 부담은 64세 이상의 여성 독거노인들에게 가장 과중한 것으로 알려졌는데, 이들은 수입 대비 41%나 되는 월세를 매달 지출하고 있는 것으로 나타났다. 이 비용은 본인 명의로 된 아파트가 있다면 32%, 그리고 주택 보유 시 23%로 다소 낮아진다고는 하나 여전히 노인들에게 적지 않은 부담으로 작용하고 있다.[14]

연금으로 195만 원(1만5,000크로나)을 수령했을 경우를 가정해보자. 소득세를 제하고 나면 160만 원(1만2,300크로나)이 남는다. 소득이 많지 않은 이들에게 국가에서 지급하는 주택보조금을 더하면 최종적으로 수령하는 한 달 수입은 총 200만 원(1만5,500크로나)이 된다. 여기서 주거비 91만 원(7,000크로나)을 포함한 대중교통비, 통

연금수령자의 생활비 내역 예시

	노인 A	노인 B
세전 연금 수령액	15,000	23,000
세후 연금	12,300	18,200
연금수령자를 위한 주택보조금	3,200	0
총 소득	15,500	18,200
주거비	7,000	7,000
식비	2,500	2,500
의료비 및 치과진료	600	500
의복비	490	600
여가활동비	570	600
통신비	90	100
소비재	130	130
가정용품	590	590
미디어지출비용 (방송, 인터넷, 잡지 등)	1,430	1,430
주택보험료	110	110
교통비	640	3,500 (2015년식 폭스바겐 골프 중고)
총비용	14,150	17,060
잔액 (총소득 - 총비용)	1,350	1,140

단위: 크로나(1크로나=약 130원) 출처 : www.minPension.se

신비 등 고정지출로만 급여의 절반 이상이 훌쩍 날아간다. 최대한 아껴 필수 지출만 하더라도 한 달에 남는 돈은 고작 17만 5,000원 (1,350크로나)에 불과하다. 자동차를 몰지도, 여행을 가지도, 비싼 옷을 사지도 않았는데 말이다. 이 상황에서 예기치 못한 변수가 생긴다면 곤경에 빠질 수도 있다. 의료비에 본인부담 상한제가 있어 노후에 목돈을 의료비로 탕진하는 경우는 없겠지만, 치과 시술이라면 이야기가 다르다. 임플란트 비용만 해도 한 개 200만 원을 호가하기 때문이다.

젊은 시절 부지런히 일해도 높은 세금과 물가, 주거비 탓에 현실적으로 돈을 모으기 힘든 스웨덴 사람들이 편안하게 살 만큼의 노후 자금을 모으는 것은 결코 쉽지 않다. 결국 연금이 생활비의 전부이고, 이 돈으로 생계를 온전히 감당해야 하는 상황이 된다면 젊은 시절과 비교해 소비 수준을 많이 떨어뜨려야 한다. 자동차를 사거나, 고급 레스토랑에 가서 기분을 내거나, 마음 내키는 대로 훌쩍 해외여행을 다니는 여유로움은 젊었을 때에 고소득이 가능한 안정적인 회사를 다녔던 사람이나 연금 이외의 다른 재산이 있는 사람들의 몫이다.

그럼에도 불구하고 이들 노인들은 현재 스웨덴에서 소비여력이 가장 큰 세대로 꼽힌다. 1970~1980년대 젊은 시절 스웨덴의 전성기를 함께 겪으며 세계 최고 수준의 복지를 누렸고, 부동산 가격 상승으로 자산을 축적할 기회를 가졌기 때문이다. 더구나 1913년 세계 최초로 공적연금제도를 도입한 나라인 만큼 스웨덴의 연금제도는 이미 시행착오를 거친 후 정착단계에 접어든 상태다. 그래서 노인들은 생계유지가 가능한 수준의 연금과 연금 수령 직전 혹은 그 이후까지 오래 일할 수 있는 환경을 보장받을 수 있다. 스웨덴 회사들은 정리해고를 할 때 최근 입사자, 즉 젊은 사람들을 우선적으로 내보내기 때문에 장년층들은 비교적 오래 근무하는 편이다.

그래서 스웨덴의 노인빈곤율(총가구를 소득 순으로 줄 세웠을 때 65세 이상 노인이 하위 50%에 속하는 비중)은 2018년 기준 10.9%로 OECD 평균인 15%를 밑돈다. 그만큼 저소득층 인구에서 차지하는 노인의 비율이 낮다는 뜻이다. 이는 45.7%에 육박하는 한국의 노인빈곤율에 비해서도 크게 낮은 수치다.

고용보험은
국가의 책임이 아니다

복지천국 스웨덴을 이야기할 때 빠지지 않는 주제 중 하나는 국가가 실업·상해와 같은 사회적 위험으로부터 국민들에게 안전망을 제공한다는 것이다. 그러나 사실 스웨덴에서 고용보험은 사보험이다. 그래서 보험비가 밀리면 해지가 되고 실업 후에 혜택도 받을 수 없다. 보험료율 역시 상대적으로 실업에 처할 위험이 높은 직종의 노동자가 고용안정성이 보장되는 직업의 노동자에 비해 더 높게 설계되어 있다. 국가가 가입을 강제하지 않으므로 본인이 원하지 않으면 들지 않아도 된다. 그러나 혹시 모를 실업의 위험에 대비하고 싶다면 20여 개가 넘는 여러 보험 상품 중 자신에게 맞는 것을 골라 개별적으로 가입을 해야 한다.

실업급여를 위한 수급요건을 충족할 경우 실업 후 첫 100일간은 원칙적으로 평균임금의 최대 80%까지 수령할 수 있다. 그러나 수령액에 세전 260만 원(2만20크로나)의 상한이 설정돼 있어 세금을 떼고 받을 수 있는 최대금액은 약 182만 원(1만4,000크로나)이다. 그 이후 100일간은 평균임금의 최대 70%까지를 받을 수 있지만 역시 세전 217만 원(1만6,720크로나), 세후로는 약 150만원(1만1,704크로나)에 달하는 상한액이 있다.[15] 상한을 뛰어넘는 급여를 벌고 있으면서 실업 후 이전 급여의 80%까지 수급하기를 원한다면 별도의 패키지에 추가 비용을 내고 가입해야 한다. 참고로 2020년부터는 코로나19 팬데믹의 영향으로 실업이 증가하면서 지급액이 일시적으로 상향 조정된 바 있다.

고용보험에 가입하지 않은 근로자에게 제공되는 별도의 실업급여도 있다. 정부보조금이 들어간 민간고용보험기금에서 지출되는 이 급여의 지급액은 최대로 받더라도 한 달에 100만 원이 채 되지 않는다. 생활을 영위하기에는 턱없이 부족한 수준이다. 지급기간은 최대 300일까지다.

스웨덴 근로자들이 이처럼 별도의 고용보험까지 가입하는 이유는 스웨덴의 고용시장이 유연하기 때문이다. 사회주의에 가까운 체제라 알려진 스웨덴에서 노동자 해고가 어려울 것이라고 생각한다면 이는 선입견에 가깝다. OECD에서 발표하는 고용보호지수에 따르면 스웨덴 정규직 근로자에 대한 고용보호지수는 2.45로 OECD 평균(2.06)보다 조금 높다. 지수가 높을수록 노동자 보호가 강하다는 뜻이다. 이는 미국(0.09)보다는 훨씬 높고 네덜란드(3.61)보다는 낮으며 한국(2.42)과 비슷한 수준이다. 반면 스웨덴의 비정규직 근로자에 대한 고용보호지수는 0.81로 OECD 평균인 1.74와 한국의 2.13을 크게 하회한다.[16]

또한 스웨덴의 노동법은 많은 부분에서 친기업적 성향을 띠고 있다. 근로자가 기존의 법 테두리 안에서 보호받지 못할 경우 이들에게 보호막이 되어주는 것은 노동조합이다. 그리고 이것이 바로 스웨덴의 노동조합 가입률이 80%에 달하는 이유이기도 하다.

노동조합은 금융노조·건설노조와 같이 산업별로 구성되어 있다. 재직 중인 산업과 무관하게 가입 가능한 노동조합도 있다. 회비는 근로자의 급여, 누릴 수 있는 혜택의 범위에 따라 달라진다. 노동조합의 우산 아래 있으면 연봉 협상 시 도움을 받거나 회사 측으로부터 부당한 대우가 있을 경우 노동법 전문 변호사와의 상담 서비스를 지원받을 수 있다. 고용보험과 마찬가지로 노동조합 역시 근로자가 조건과 혜택을 알아보고 자신에게 맞는 것을 직접 선택해야 한다.

스웨덴의 노조는 개별기업체제가 아니다 보니 사측에서는 직원들에게 노조와 관련된 정보를 굳이 공유하지 않고 가입을 장려하지도 않는다. 나 역시 스웨덴에서 인사 담당자로 일했지만 직원들에게 노조활동과 관련된 안내를 하지는 않았다. 사측의 입장에서 직원들이 노조에 가입하는 것이 그리 달가운 일은 아니기 때문이다. 물론 그렇다고 해서 사측이 노조활동을 탄압한다거나 무력화를 시도하는 일은 없다.

복지체제의
무임승차자

복지국가는 자본주의 체제로부터 낙오된 사람들에게 최소한의 삶의 질을 보장한다. 그러나 그들이 사회복지에 전적으로 의존한 나머지 구직활동 자체를 쉽게 포기해 버린다면 이른바 '복지병'이라 불리는 복지의존성 문제가 생길 수 있다. 복지의 강화가 직업윤리의 훼손을 가져온다는 연구결과는 이미 많이 발표된 바 있다.

스웨덴도 이 문제에서 예외가 될 수 없다. 1930년대 이후 구축해온 고부담 – 고복지 체계가 복지병을 유발해 스웨덴 국민들을 나태하게 만들었다는 지적은 이미 수차례 제기됐다. 한 조사에 따르면 스웨덴 근로자 중 41%는 아프지 않더라도 업무에서 스트레스를 받으면 병가를 사용할 수 있고, 44%는 근무환경이 불만족스러울 때 병가를 사용해도 괜찮다고 생각하는 것으로 나타났다.[17] 특히 중요한 스포츠 이벤트가 있을 때 근로자들이 경기 시청을 위해 병가를 신청하는 경우가 늘어난다는 조사 결과는 꽤 많이 나와 있는데, 실제로 2002년 월드컵 결승전이 열리던 기간 동안 스웨덴 남성 근로자의 병가 사용률은 무려 55%가 증가했다고 한다.[18]

더욱 큰 문제는 올바른 근로윤리를 지닌 이들조차 시간이 흘러 고복지 체제에 익숙해지면 도덕적 해이에 빠질 수 있다는 사실이다. 1955년 연간 12일에 달했던 스웨덴 직장인들의 평균 병가 사용일은 1988년에 이르면 연간 25일까지 늘어났다.[19] 1981~1984년까지 실시된 한 조사에 따르면 82%의 스웨덴 사람들이 '자격이 되지 않는데 정부의 복지수혜를 받는 것은 잘못이다'는 것에 동의했지만, 1999~2004년에 실시된 설문조사에서는 55%의 응답자들만이 같은 질문에 공감을 표했다.[20] 탄탄한 복지체제의 존재가 시간이 흐를수록 수혜자들의 나태를 조장하고 직업윤리를 훼손하고 있는 것이다.

복지체제는 국민들이 열심히 일을 하고 세금을 많이 납부하며, 양심적인 태도를 지녀야 정상적으로 굴러간다. 그러나 고율의 세금과 탄탄한 복지는 그 반대의 결과를 초래한다. 근로의욕을 앗아가고 혜택을 악용하는 비양심적 행동을 야기하기 십상인 것이다. 복지국가의 딜레마가 여기서 발생한다. 그래서 스웨덴을 포함한 북유럽 복지국가들은 이 문제를 해결하기 위해 노동에 인센티브를 부여하는 방향으로 체제를 개혁하고 있다.

스웨덴 정부는 1994년 신자유주의적 요소를 반영한 대대적인 복지모델 개혁에 나섰다. 그것도 과거 복지국가의 기틀을 잡았던 사민당 정부에서 일어난 일이다. 이후로도 정부가 추진하는 개혁의 방향은 큰 틀에서 후퇴하지 않았고 개혁의 고통은 모두가 분담하는 것을 원칙으로 삼았다. 정부는 모든 노인들을 대상으로 지급되던 기초연금을 폐지하고 저소득층에게만 선별 지급하는 방식으로 제도를 바꾸었고, 국민연금은 은퇴 전까지 납입한 금액에 비례해 지급하도록 설계해 노동에 대한 동기부여를 저해받지 않도록 고안했다.

이뿐만이 아니다. 스웨덴에서 대부분의 복지혜택은 일을 해야 제대로 받을 수 있고, 고소득일수록 유리하게 설계되어 있다. 연금, 병가수당, 육아휴직수당, 실업급여 등 대부분의 사회보장제도가 소득비례형이다. 복지에도 생산성 개념을 적용해 수혜자의 노력과 능력 정도에 따라 혜택을 차등화시킨 것이다. 그래서 몸이 건강한 스웨덴 사람들은 대부분 어떤 형태로든 일을 하고 있다. 심지어 은퇴 연령인 65세 이후에도 사측과의 협상을 통해 1~2년 정도 정년을 연장한 후 일을 계속하는 사람이 많다.

그럼에도 불구하고 복지 수혜자의 입장에서는 무임승차가 가장 합리적인 선택이 되는 경우가 있다. 내가 일하면서 납부하는 세금 또는 사회적 기여에 따라 발생할 혜택보다, 구직에 나서지 않고 정부 지원에만 의존했을 때 누리는 효용이 더 많다면 자연히 실직 생활을 선택하게 되는 것이다. 정부가 '일하는 복지'를 추구한다고 해도 복지 무임승차자를 현미경처럼 걸러내는 것은 결코 쉬운 일이 아니다.

기본소득,
빈곤의 해결책이 될 수 있을까

핀란드 정부는 2017년부터 2년간에 걸친 기본소득 실험을 진행했다. 기본소득이란 재산이나 소득에 관계없이 모든 국민들에게 동일한 금액의 생활비를 지급하는 제도다. 25~58세의 실업자 중 무작위로 선정된 2,000명에게는 매월 560유로가 지급됐다. 정부는 이 실험을 통해 조건 없이, 정기적으로 공짜 돈이 들어올 때 실업상태에 놓인 이들의 구직 의지가 살아날 수 있을 것인지를 확인하고자 했다. 당시 핀란드의 실업률은 10%가 넘었을 정도로 심각한 수준이었다. 젊은 층의 실업률은 22%가 넘었다. 실업수당 수혜자 중 일부는 구직활동을 포기한 채 수당에 의존해 생계를 꾸려가고 있었는데, 이는 소득활동을 하면 그만큼 실업수당이 줄어들기 때문이었다.

　기본소득은 전제조건이 필요하지 않고, 취업을 한 이후에도 돈을 그대로 받을 수 있다는 점에서 실업수당과 달랐다. 실업수당 수급자들에 비해 기본소득의 수급자들 사이에서 취업을 하고자 하는 의지가 더 강화되었다면 정부의 실험이 성공적으로 마무리되는 셈이었다. 그러나 결과는 그다지 고무적이지 않았다. 기본소득이 노동 공급을 증가시키는 효과가 미미했던 것이다.

뿐만 아니라 핀란드의 기본소득제도는 형평성 차원에서 문제가 있다는 비난을 피할 수 없었다. 애초에 핀란드 정부는 기본소득을 도입하는 대신 나머지 기존의 복지제도를 모두 폐지하겠다는 입장이었다.[21] 이 정책이 정식으로 시행되었다면 최대 피해자는 저소득층이 되었을 것이다. 기존의 복지체제 아래서는 저소득층이 상대적으로 높은 수준의 혜택을 받을 수 있었지만, 기본소득제도가 도입되면 그 혜택을 사정이 더 나은 사람들과 나눠야 하기 때문이다. 핀란드 정부는 결국 기본소득제도를 핀란드의 복지모델로 삼지 않겠다는 공식 입장을 발표했다.

최근 우리나라에서도 기본소득 논의가 뜨겁다. 한국 정치인들은 국민들 앞에 기본소득제도를 도입하겠다는 공약을 하기에 앞서 재원 마련은 어떻게 할 것인지, 세금 인상에 대해 국민들을 어떻게 설득할 수 있을 것인지, 기본소득제도가 복지병과 이로 인한 생산성 저하를 불러오지 않을지, 핀란드처럼 다른 복지제도를 다 폐지하고 기본소득만 지급할 것인지, 그렇다면 형평성 문제는 어떻게 해결할 것인지에 대한 논의를 마쳐야 한다.

만일 기본소득제도를 실시하면서도 증세를 하지 않아도 되고 보편적 복지를 포기하지 않을 수 있다고 주장하는 정치인이 있다면 그는 분명 거짓말을 하고 있는 것이다. 심지어 기본소득의 도입은 전통적인 복지강국 핀란드에서조차 비현실적이고 유토피아적이라는 비판을 받았다. 그리고 실패로 마무리됐다. 기본소득제도를 주장하는 정치인들이 포퓰리즘이라는 비난을 피해가려면 재원을 어떻게 마련할 것인지, 그리고 누구를 위해 기본소득제도를 실시하는지에 대한 명확한 비전부터 제시해야 할 것이다.

CHAPTER 04

스웨덴과
한국의 복지체제

어떤 복지를
택할 것인가

내가 그동안 미디어와 인터넷을 통해 접해왔던 스웨덴의 이미지는 세계적으로 가장 잘 발달된 사회복지제도를 가지고 있는 나라였다. 직업을 잃더라도 든든한 실업수당이 있어 앞날을 걱정할 필요가 없고 마음만 먹으면 적성에 맞는 직업교육을 통해 금세 재취업을 할 수 있으며, 몸이 아프면 병원에서 무료로 치료를 받고, 아이를 낳은 이후의 육아나 교육은 국가에 맡기며, 은퇴 이후에는 풍족한 연금으로 행복한 노후를 보낼 수 있는, 마치 동화 속 꿈과 같은 나라였다.

| PART 1 | 정말 스웨덴이 복지천국일까

061

그러나 스웨덴에 살면서 스웨덴 사람들의 삶 속으로 직접 들어가 고민을 공유하게 된 이후부터 복지국가를 향한 막연한 동경은 사라지기 시작했다. OECD 평균(5.4%)을 웃도는 스웨덴의 실업률(6.7%)이 말해주듯, 고용시장에 불어 닥친 한파가 구직자들에게 가혹한 것은 다른 나라의 상황과 크게 다르지 않다. 더구나 갈 곳을 잃은 이들이 받을 수 있는 실업급여는 200만 원이 채 되지 않으며 이는 당장 생활비로 쓰기에 넉넉한 수준이 결코 아니다. 실업자가 일말의 두려움이나 불안 없이 희망만 꿈꿀 수 있는 나라가 현실에 존재할 수 있을까. 더구나 스웨덴에서는 정부가 실업급여를 전적으로 책임지고 있지 않다.

병원비 걱정 없는 의료시스템에도 단점이 있다. 전문의를 만나는 것도 아닌데 사전 예약을 한 후 대기를 거쳐야 한다. 게다가 연간 15만 원으로 정해진 의료비 상한선에 도달하기 전까지 스웨덴 의료비는 오히려 한국보다 훨씬 비싸고 의료 문턱이 높은 까닭에 큰 병을 앓는 사람이 아니라면 이 상한선을 넘기기가 결코 쉽지 않다. 또한 치과 진료는 무상이 아니다.

마찬가지로 스웨덴 노인들은 누구나 풍족한 국민연금을 받으며 황금빛 노후를 즐길 수 있을 것이라는 생각도 현실과는 괴리가 있다. 물론 국민연금만으로 기본적인 노후생활을 충당할 수는 있다. 그러나 절반 남짓의 소득대체율로는 경제적으로 풍족한 생활을 즐기기에 다소 부족한 것이 사실이다. 더구나 기초연금을 수령하는 가난한 노인들은 쓰레기더미를 뒤져 빈 병을 찾아가며 근근이 살아갈 수밖에 없다.

경찰의 미흡한 수사력 또한 문제다. 범죄 신고를 하더라도 많은 경우 경찰은 범인을 잡아내지 못한다. '그냥 심심해서'라는 이유로 주차된 차량에 불을 지르거나 스프레이 페인트로 낙서를 하는 청소년 범죄가 심심찮게 일어나고 있지만 이 정도로는 범인을 잡기는커녕 언론의 관심조차 받을 수 없다. 그 외의 행정서비스 역시 대응이 느리고 불편하며 비효율적인 데다 융통성이 없다. 공중화장실도 유료로 운영되며 1,300원(10크로나)의 사용료를 지불해야 한다. 서민의 주거안정을 위한 복지 또한 충분치 않아 대부분의 국민들은 높은 주거비용의 부담을 지고 있고 대중교통 역시 한국만큼 체계가 잘 정비되어 있지 않아 이용에 불편함을 겪어야 한다.

그럼에도 불구하고 스웨덴을 살기 좋은 나라로 만든 것은 편견과 차별, 그리고 부당함에 맞서 당당히 싸울 수 있는 환경이 조성되어 있다는 사실이다. 육아와 업무를 병행할 때, 혹은 아파서 병가를 쓸 때 직장의 눈치를 볼 필요가 없고 장애인, 이주민, 빈곤층 노인, 성소수자, 미혼모 등 오랜 기간 차별 대상이었던 계층까지 공존의 대상으로 인정받는다. 복지제도가 안정적으로 정착되었을 뿐 아니라 이에 대한 사회적 공감대가 확산되어 있어 혜택이 아닌, 당연한 권리로 보장받을 수 있다.

또한 치열한 입시 경쟁을 거치지 않아도 대학 입학이 가능해 사교육비를 쓸 필요가 없다는 점 역시 스웨덴에 살 때 큰 장점으로 꼽힌다. 물론 상류층이나 학업 성적이 우수한 학생들 간에는 교육 경쟁이 분명 존재하지만 학교 정규수업 이외의 보충교육을 위해 개인이 민간 시장에서 교육비를 부담하는 경우는 한국만큼 흔하지 않다.

한편 우리나라의 복지제도는 오랜 시행기간을 거쳐 어느 정도 정착해가는 중에 있다. 실업을 하더라도 120~270일의 범위 내에서 평균급여의 60% 수준에 상응하는 급여를 수령한다. 그리고 중소기업 재직자나 실업자들에게는 국민내일배움카드가 제공되어 저렴한 비용으로 직업훈련을 받을 수 있는 기회가 주어진다. 또한 2022년부터는 임산부에게 국민행복카드(사용한도 100만~140만 원)와 출산 시 200만 원이 지급될 계획이다. 자녀를 어린이집으로 보낼 경우에는 소득계층과 상관없이 만 5세까지 최대 47만 원이 지원되고, 가정에서 양육하는 경우에도 양육수당(월 10만~20만 원)의 혜택이 있다. 또한 다자녀가구에는 전용 임대주택이나 주택 청약의 기회도 있다. 어린이집과 유치원에도 정부 지원이 있고 고등학교까지는 전면 무상교육이 실시되고 있다.

무엇보다 한국의 의료시스템은 세계 최고 수준이다. 암, 심혈관질환, 뇌혈관질환, 희귀난치성 질환 등의 치료에 필수적인 수술과 약, 검사에 건강보험이 적용되어 본인부담은 전체 비용의 5%에 그친다. 저소득층에게는 건강보험 재정을 활용해 산정특례제도, 재난

의료비 지원 사업 등의 혜택이 별도로 제공된다. 다만 특진이나 비보험진료에는 건강보험 적용이 되지 않고, 특정 희귀 질환에는 치료 약제에 대한 건강보험 급여현황이 열악한 경우가 있어 여전히 의료서비스의 사각지대가 존재하고 있다.

저소득층 장애인에게는 기초생활수급비와 장애인연금을 합쳐 월 90만 원가량이 지원된다. 또한 소득계층과 무관하게 장애인 콜택시를 이용하거나 LPG차량을 구매할 수 있고 국내선 비행기, KTX, 각종 공연이나 행사 관람에 할인혜택이 제공된다. 이 외에도 빠르고 정확한 행정서비스, 경찰의 뛰어난 수사력과 높은 수준의 치안, 체계적이고 저렴한 교통 인프라와 대중교통서비스는 다른 나라와 비교가 불가할 정도로 최고의 수준을 자랑한다.

그럼에도 불구하고 여전히 우리의 주변에는 인간다운 삶과 권리 보장을 위한 최소한의 물질적 급부를 보장받지 못한 채 살아가는 이웃들이 있다. 한국의 복지제도에서 가장 큰 문제는 빈곤문제에 소극적이라는 점이다. 특히 OECD(경제협력개발기구) 1위를 기록하고 있는 노인빈곤율은 우리에게 큰 오명을 안겨주고 있다. 국민연금으로 대표되는 공적연금의 도입이 주요 선진국에 비해 매우 늦었기 때문에 혜택을 받고 있는 고령층의 비중 자체가 낮다. 또한 선진국 수준의 제도가 마련되어 있더라도 육아휴직을 당당히 낸다거나 병가를 자유로이 활용하기 어렵게 하는 보수적인 사회 분위기는 제도의 정착에 걸림돌로 작용하고 있다.

또한 한국의 높은 사교육비 부담은 가계의 가처분소득 감소로 이어진다. 소비지출을 제약하고 불안한 노후를 초래하는 이유 중 가장 큰 비중을 차지하는 요소가 바로 자녀교육에 드는 비용이기도 하다. 물론 사교육 비대화의 근본 원인을 전적으로 공교육 부실, 즉 복지체계의 미비 탓으로 돌릴 수는 없다. 한국의 공교육시스템이 세계 최고 수준이라고 하더라도 학부모들은 여전히 사교육 욕심을 멈추지 않을 것이다. 이는 학벌과 직업에 따라 임금 보상 수준에 크게 차이가 나는 우리 사회의 구조적인 문제 때문이다.

스웨덴과 한국의 복지체제를 동일선상에 놓고 비교할 수는 없다. 조세부담률이나 국가별로 처한 상황에 차이가 있기 때문이다. 복지국가를 낸 만큼 돌려받는 개념으로 접근한다면 월급의 상당 부분을 세금으로 꼬박꼬박 납부하면서 그만큼의 차등적 대우는 누리지 못하는 스웨덴식의 보편적 복지체제가 불만일 수 있을 것이고, 국가 안에 사는 사람들이 받아야 하는 보편적인 가치 개념으로 인식한다면 더 많이 버는 이가 세금을 더 내는 상생모델 구축에 국민적 합의를 이룰 수 있을 것이다. 이처럼 어떤 형태의 복지체제를 도입할 것인지는 그 나라 국민들, 그리고 정치적 선택의 문제이다.

다만 연대성을 통해 고통을 나누고 행복한 사회를 만든다는 보편적 복지체제의 이념이 현실에서 정말 가진 자가 사회적 약자를 위해 세금을 더 내는 방향으로 실현되고 있는지는 꼭 짚어봐야 할 문제다. 가진 자의 이익을 세금으로 수용해 소득과 부에 공정한 배분을 하는 과정은 이론처럼 쉽지가 않다. 다음 부에서는 스웨덴의 세금체제가 부자들의 자본보다 중산층들의 근로소득을 위주로 세원이 마련되고 있다는 사실을 살펴보고 그 이유에 대해 고민해볼 것이다.

세상에서
가장 불편한
세금의 진실

CHAPTER 01

누가 세금을 내는가

모든 근로소득에
성역 없는 과세를

OECD 세수통계revenue statistic에 따르면 조세에 대한 스웨덴의 국
민부담률은 40%대를 유지하고 있다. 국민부담률은 국내총생산GDP
에서 국민들이 낸 세금과 사회보장기여금이 차지하는 비중을 나
타내며, 높을수록 국민들의 조세부담이 무겁다는 뜻이다. 스웨덴
의 국민부담률은 OECD 평균인 33.8%(2019년 기준)이나 한국의
27.4%에 비해 훨씬 높다.

국가별 국민부담률 현황(2019)

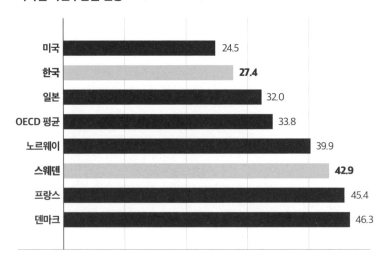

단위: GDP 대비 %   출처: OECD Statistics

연봉 2,000만 원인 근로자가 각각 한국과 스웨덴에서 일을 하고 있다고 가정해보자. 한국의 근로자는 각종 소득·세액공제를 활용해 소득세를 거의 내지 않을 수 있다. 그러나 경제적 여건이 같은 스웨덴의 근로자는 연간 640만 원가량의 세금을 낸다.[1]

스웨덴에서는 국민연금, 실업급여 등 복지급여로 생활하는 이들은 물론이고 저소득층도 나름의 형편에 맞게 세금을 납부한다. 대신 소득이 충분치 않은 이들에게는 정부에서 주거비 지원과 같은 복지혜택을 제공해 생계부담을 덜어주는 구조다. 그래서 스웨덴 근로자 중 세금을 내지 않는 면세자 비율은 6.6%에 불과하다.[2] 한국의 면세자 비율이 40%에 육박한다는 사실을 감안할 때 이는 놀라울 만큼 낮은 수치다.

스웨덴의 소득세 최저세율은 32% 안팎으로, 한국의 6.6%(지방소득세 포함)에 비해 훨씬 높다. 반면 소득세법상 가장 높은 구간의 세율은 52% 수준으로 한국의 49.5%(지방소득세 포함)에 비해 약간 높다. 6,800만 원(52만3,200크로나)은 스웨덴에서 근로자 평균연봉의 1.5배를 넘길 정도의 그리 높지 않은 소득이지만 소득세 최고세율로 진입하는 기준연봉이 된다. 적용 대상자는 전일제(풀타임)근로자 3명 중 1명 꼴이다. 이처럼 고소득자가 아닌, 중산층 근로자들에게 최고세율이 적용되는 것은 북유럽 국가 전체의 공통적인 특징으로 덴마크는 근로자 평균소득의 1.3배 이상을, 노르웨이는 1.6배 이상을 벌어들이는 근로자에게 최고세율을 적용하고 있다.[3]

스웨덴의 세법을 한국에 적용한다면 근로자들의 평균소득인 3,634만 원(2018년 기준)[4]보다 1.5배가 높은 5,450여만 원을 벌었을 때 52%의 최고세율을 적용받는 셈이 된다. 그러나 현실에서 5,450여만 원을 버는 한국의 근로자는 26.4%의 소득세율을 적용받고, 10억 원을 초과해서 벌어야 최고세율인 49.5%에 진입한다. 한국에서 10억 원은 근로자 평균소득의 28배에 달하는 금액이다.

소득세율이 높은 것과 별도로 스웨덴에서는 세금 부담을 줄여줄 수 있는 공제나 감면이 많지 않은 편이다. 개인이 청소나 정원관리 업체를 고용하거나 주택을 구매할 때 받은 대출이자, 혹은 주택

개·증축 시 비용의 일부를 세금에서 공제받을 수 있는 정도다. 이러한 공제 제도는 인건비가 비싼 스웨덴에서 사람을 고용할 여력이 있거나 주택을 보유하고 있는 최소 중산층 이상의 계층에게만 혜택을 집중시키는 것 아니냐는 비판을 받기도 한다.

알려진 통념과 다르게 스웨덴의 고소득자들은 전체 세수에 기여하는 바가 크지 않다. 상위 10% 소득자들은 전체 근로자 소득의 27%를 벌어들이면서 동시에 전체 소득세의 27%를 부담하고 있다. 이는 소득세의 누진성이 그다지 높은 편이 아니라는 뜻이기도 하다.[5] 아래는 스웨덴 작가 요한 노르베리 Johan Norberg가 미국의 유명 방송 진행자 존 스토셀 John Stossel과의 인터뷰에서 밝힌 내용이다.[6]

"스웨덴 세금정책은 부자로부터 돈을 걷어 가난한 자들에게 나눠주는 구조가 아니다. 오히려 가난한 사람들을 쥐어짜는 것이다. 가난한 사람들이 충실한 납세자이기 때문이다."

반면 한국 조세구조의 문제점 중 하나는 세수구조에서 소득세가 차지하는 비중(18%)이 낮다는 것에 있다. 29%의 스웨덴을 훨씬 밑도는 수치다. 이처럼 한국의 소득세 부담 비율이 낮은 이유는 과세의 기반이 취약하기 때문이다. 근로자 중 세금을 내지 않는 면세자 비율이 무려 40%에 달하고, 자영업자에게는 고의적 탈세의 여지가 있다. 이는 세수에서 결정적인 누수가 발생한다는 뜻이다. 그리고 이와 동시에 한국의 상위 10% 소득자들은 전체 소득세의 70% 이상을 납부하는 등 과도한 부담을 지고 있다.[7]

한국과 스웨덴의 소득세 과세구간별 세율

한국			스웨덴	
과세표준	세율	지방소득세 포함 시	과세표준	세율
1,200만원 이하	6%	6.6%	6,800만원 (523,200 크로나) 이하	평균 32%
1,200만원 초과 4,600만원 이하	15%	16.5%		
4,600만원 초과 8,800만원 이하	24%	26.4%	6,800만원 (523,200 크로나) 초과	평균 52%
8,800만원 초과 1.5억원 이하	35%	38.5%		
1.5억원 초과 3억원 이하	38%	41.8%		
3억원 초과 5억원 이하	40%	44.0%		
5억원 초과 10억원 이하	42%	46.2%		
10억원 초과	45%	49.5%		

출처: 한국 국세청, 스웨덴 국세청skatteverket

근로자 10명 중 1명이 소득세 세수의 70% 이상을 책임지는 동안 4명은 세금을 한 푼도 내지 않고 자영업자들의 소득은 과세당국이 파악조차 하지 못하는 우리의 조세구조는 분명 기형적이다. 고소득자가 상대적으로 많은 세금을 내는 것은 당연하지만, 그렇다고 해서 지금처럼 내는 사람만 더 내는 상황은 전혀 당연하지 않다. 조금 벌면 조금의 세금을 내야 부자들에게도 더 내라고 당당히 요구를 할 수 있는 법이다.

물건 가격의 1/4을
부가가치세로 낸다

세수 증대가 필요하다면 어떤 세금을 인상하는 것이 가장 효과적일까? 벌어들이는 돈에 매기는 소득세를 인상하면 고소득자들이 세금을 피해 해외로 탈출하는 비효율을 낳을 수 있다. 그렇다고 법인세를 인상하면 기업의 해외이탈이나 투자 감소, 자본 유출을 부추기는 부작용이 일어날 수 있다. 그래서 증세를 검토할 때 가장 유력한 세목이 부가가치세가 되는 경우가 많다.

부가가치세는 물건이나 서비스에 붙는 부가가치에 부과되는 세금이다. 스웨덴의 경우 재화나 용역의 최종금액에 추가적으로 더해지는 25%가 부가가치세가 된다. 예외적으로 식료품, 외식비에는 12%가, 도서, 공연 등에는 6%의 부가가치세가 붙는다. 부가가치세율 10%에 생활필수품에는 면세를 적용해 세금 부담을 낮게 유지하고 있는 한국과 달리 스웨덴의 부가가치세는 OECD 국가 가운데서도 세율이 가장 높은 편에 속한다.

모든 소비에 부과되는 부가가치세는 세원의 범위가 넓어 조세의 보편성 원칙에 잘 부합하는 세목이기도 하다. 그래서 약간의 세율 인상으로도 세수 증대효과를 크게 거둘 수 있다. 스웨덴 정부 역시 부가가치세를 통해 상당한 세수를 확보하고 있다. 세수구조에서 부가가치세가 차지하는 비중은 21%로 한국(15%)에 비해 훨씬 높다.

다만 부가가치세는 역진성 문제를 지니고 있다. 소득수준에 따라 차등 부과되는 소득세와는 달리 모든 사람이 똑같은 세율로 내는 세금이기 때문이다. 그래서 상대적으로 저소득층에 불리하게 작용한다. 특히 저소득층은 소비성향이 높은 데다 식료품과 같은 필수지출항목에는 소비를 줄이는 것에 한계가 있어 부가가치세 인상 시 가장 큰 부담을 짊어질 우려가 있다.

의외로 스웨덴의 조세정책은
매우 기업친화적이다

스웨덴은 세금이 높기로 악명 높은 나라다. 그러나 그런 스웨덴에도 한국보다 세율이 낮은 세목이 있다. 바로 법인세다. 법인세 감소가 세계적인 현상이라고는 하나, 스웨덴의 감소 추세는 다른 나라와 비교해서도 더욱 급진적으로 진행되었다. 1989년만 해도 52%에 달했던 법인세는 지속적으로 낮아져 2021년에 이르면 20.6%가 된다. 이는 OECD 평균인 23.5%나 한국의 25%보다도 훨씬 낮은 수준이다. 더구나 그룹 내 배당금이나 사업상의 이유로 주식 매각을 할 때 발생하는 자본이익에는 면세 혜택이 주어지므로 이를 통하면 실효세율을 더욱 낮출 수 있다.[8]

스웨덴의 법인세율은 단일세율로 기업의 이익규모와도 관계가 없다. 단일세율 구조 하에서는 이익을 많이 냈다고 더 많은 세율이 적용되지 않기 때문에 돈을 적게 버는 영세기업이나, 많이 버는 대기업이나 같은 세율 구간에 진입하게 된다. 법인세 과표 구간 수를 4개로 나누는 한국과 비교되는 대목이다. 한국의 법인세 시스템은 과세표준 2억 원 이하의 기업에는 10%를, 3,000억 원 초과 기업에는 25%를 징수하는 누진제다. 그래서 돈을 잘 버는 소수의 상위 기업이 법인세의 대부분을 부담하게 된다.

사실 스웨덴 국가재정에서 법인세의 기여도는 그다지 높지 않다. 전체 세원에서 법인세가 차지하는 비중은 겨우 6%로 한국(16%)에 비해 훨씬 낮다. 대신 낮은 법인세 정책을 통해 기업의 경쟁력이 강화되면 이들 기업에서 일자리를 얻은 이들이 낸 소득세를 복지의 마중물로 활용하는 구조다.

한편 스웨덴 기업들은 법인세 이외에도 근로자 월급의 31.42%를 고용주세의 형태로 별도 납부하고 있다. 그리고 정부는 이 세금을 국민연금, 건강보험, 고용보험 등 스웨덴의 복지제도를 유지하기 위한 안정된 재원으로 활용한다. 우리나라는 사회보장기여금의 절반 이상을 근로자가 부담하지만, 스웨덴에서는 고용주의 부담이 월등하게 많다.

그러나 기업이 고용주세를 부담하는 명목상의 주체라고 할지라도 실질적으로 이 세금을 부담하는 대상은 근로자일 수 있다. 고

한국과 스웨덴의 법인세율 비교(2021년)

한국		스웨덴	
과세표준 2억 원 이하	10%		
2억 원 초과~200억 원	20%	과세표준 단일화	20.6%
200억 원 초과~3,000억 원	22%		
3,000억 원 초과	25%		

출처: 한국 국세청, 스웨덴 국세청

용주가 고용주세를 납부하는 것까지 감안해 근로자의 급여를 책정하기 때문이다. 고용주가 인건비로 100을 할당해 두었을 경우 근로자에게 돌아가는 몫은 31.42만큼의 고용주세를 제외한 68.58이 된다. 그래서 고용주세가 결과적으로 근로자들의 임금 축소로 이어진다는 연구 결과도 있다.

재산세와 상속세 폐지를 통해
부의 대물림이 계속되다

소득이 있는 곳에는 반드시 세금이 있다. 그러나 재산이 있는 곳에는 세금이 없을 수도 있다. 스웨덴의 총 조세액 중 재산 관련 세금,

즉 부동산 보유세와 취득세, 상속·증여세가 차지하는 비중은 단 2%에 그친다. 이는 OECD 평균(6%)뿐 아니라 한국(12%)을 훨씬 하회하는 수치다. 재산에 매기는 세금이 낮거나 없다는 의미다.

스웨덴에서 상속세와 증여세는 1983년까지 최대 70%에 달할 정도로 매우 높았다. 그리고 폐지를 하기 직전 시점인 2004년까지도 30% 수준을 유지하고 있었다. 그러나 높은 세금은 기업들의 해외 이전 러시를 불렀다. 스웨덴의 '가구 공룡' 이케아IKEA는 법인세, 소득세, 상속세 등 높은 세금에 항의하며 네덜란드로 본사를 이전하고 상속세 부담이 없었으면 스웨덴에 계속 머물렀을 것이라는 입장을 밝히기도 했다. 사면체 우유팩을 발명한 것으로 유명한 글로벌 포장장비 제조기업 테트라팩Tetra Pak 역시 비슷한 시기에 본사를 스위스로 이전했다.

글로벌 제약회사 아스트라제네카의 전신인 스웨덴 기업 아스트라Astra 역시 상속세 문제로부터 자유롭지 못했다. 1984년 창업자의 미망인이 막대한 재산을 남기고 사망하자, 아스트라의 주가가 폭락하기 시작했다. 미망인의 유산은 대부분 주식으로 묶여 있었는데 상속인들이 상속세를 내기 위해 주식시장에서 주식을 팔 것이라는 소문이 퍼졌기 때문이다. 주가가 떨어지자 상속인들이 내야 할 상속세가 상속재산을 뛰어넘는 일이 벌어졌고 결국 상속인들은 파산을 선언했다.

또한 스웨덴의 많은 기업들은 20세기 초중반 이후 공익재단을 활용한 복잡한 지배구조를 구축했는데, 이를 두고 높은 세금을 피하기 위한 편법으로 보는 시각이 있다. 공익재단에는 상속·증여세가 부과되지 않기 때문이다. 스웨덴의 대표 기업 발렌베리그룹 역시 지배구조의 정점에 공익재단인 발렌베리재단을 두고 자산의 대부분을 재단으로 넘겼는데 이에 대해서도 상속세를 피해 경영권을 물려주려는 목적으로 해석하는 다수의 논문이 발표된 바 있다.

결국 2004년 9월 스웨덴 정부는 상속세 및 증여세의 폐지를 선언했다. 당시 정부에서 공식적으로 밝힌 폐지 사유는 기업 운영의 환경을 개선하고 기업의 영속성을 유지하기 위한 것이었다. 스웨덴에는 가족기업이 많다. 창업주나 창업주의 후손이 경영권을 보유하고 있고 그의 직계가족과 친인척들이 회사 내 중요한 자리를 차지하는 경우가 흔하다. 이들 가족들은 기업을 대물림하기 위해 상속세와 증여세의 폐지가 필요했다.

상속세 폐지는 스웨덴 사회에도 큰 후폭풍을 불러왔다. 상속세 납부의 대상자들은 세금을 내지 않기 위해 연명치료 등을 하며 죽는 날짜까지 미뤘다. 상속세는 2004년 1월 배우자에 한해, 그리고 정확히 1년 뒤에 전면 폐지됐는데, 폐지되기 전날에 비해 폐지된 이후 바로 다음날 기록된 사망자 수가 유의미하게 많았다고 한다.[9] 또한 상속·증여세가 폐지된 이후 스웨덴을 떠났던 부자 4,000여 명이 다시 고국으로 돌아오기도 했다.[10]

2007년에는 예금, 부동산, 주식 등 자산 총액이 약 2억 원(150만

스웨덴과 한국의 총 조세 대비 세원별 비중(2019년)

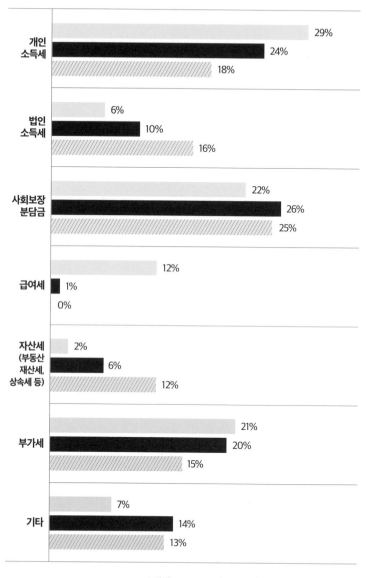

개인
소득세
- 29%
- 24%
- 18%

법인
소득세
- 6%
- 10%
- 16%

사회보장
분담금
- 22%
- 26%
- 25%

급여세
- 12%
- 1%
- 0%

자산세
(부동산
재산세,
상속세 등)
- 2%
- 6%
- 12%

부가세
- 21%
- 20%
- 15%

기타
- 7%
- 14%
- 13%

■ 스웨덴   ■ OECD평균   ▨ 한국   출처: OECD Statistics

행복한 나라의 불행한 사람들

크로나)을 넘을 경우 기준액 초과분에 1.5%만큼 부과되던 부유세마저 폐지됐다. 부유세로 거둬들이는 세수는 정부의 세입 총액에서 0.5%에 채 미치지 못할 정도로 비중이 작았지만 부자들의 재산은 닉을 불러오는 등 부작용이 컸다. 더구나 부유세의 대상이 되는 이들은 언어 숙련도가 높고 교육수준이 높아 외국에 나가도 쉽게 일자리를 구할 수 있어 해외 도피에 유리한 조건을 갖추고 있었다.

세간의 고정관념과 다르게 스웨덴의 세제 구조는 자본친화적이다. 상속세·부유세는 없고 부동산 재산세는 낮은 반면, 자본이득세는 30%로 근로소득세의 최저세율보다 낮다. 그래서 부자들에게 유리하다. 오히려 전형적인 부자증세 모델을 따르는 것은 한국이다. 한국은 OECD 국가 중에서도 재산세와 상속세가 매우 높은 편에 속한다. 스웨덴과 한국의 소득세율만 놓고 단편적으로 스웨덴이 한국보다 더 많은 세부담을 진다고 단언할 수 없는 이유다.

그 일례로 이건희 삼성그룹 회장의 별세로 인한 막대한 금액의 상속세 이슈를 들 수 있다. 이재용 삼성전자 부회장 등 유족이 부담해야 할 상속세가 12조 원을 훌쩍 넘길 것이라는 언론의 보도에 삼성일가가 상속세 재원을 어떻게 마련할 것인지에 대해 이목이 집중되었다. 여기가 만약 스웨덴이었다면 삼성일가 상속인들이 상속세를 납부하지 않아도 되었을 것이다. 대신 상속이나 증여 받은 자산을 추후에 처분할 경우 그 시점에 발생한 이익에 대해 자본이득세 30%를 납부해야 했을 것이다.

왜 복지천국에서
도박을 할까

스웨덴에 거주 중이던 한국기업 주재원으로부터 현지 직원에 대한 불평을 들은 적이 있다. 더 많은 역할과 책임을 부여하는 대신 급여를 인상시켜주겠다고 제의하면 상당수의 직원들이 거절을 한다는 것이다. 승진이나 금전적인 보상보다 개인생활과 워라밸(일과 삶의 균형)을 중시하는 분위기가 확산된 까닭도 있겠지만, 급여가 올라도 결국 세금만 늘어날 뿐인 현실도 주요 이유라고 했다. 높은 세율이 근로의욕을 상실케 만든다는 것이다.

창업에 성공해 막대한 부를 쌓는 예외적인 경우를 제외하면 스웨덴에서 돈을 벌 수 있는 방법은 그리 많지 않다. 그래서인지 스웨덴에서는 TV에 도박 광고가 넘쳐난다. 도박 광고의 TV방영이 금지되어 있지 않고, 성인방송처럼 심야시간에만 허용되지도 않는다. 특정 카지노 광고는 지나치게 자주 반복되는 탓에 스웨덴 사람이라면 누구나 광고문구와 멜로디를 외우고 있을 정도다. 이처럼 광고를 통해 무차별적으로 전달되는 이들 도박회사의 마케팅 메시지는 한결같다. 평범하고 지루한 일상생활을 살아가던 소시민이 도박에 성공한 후 인생역전을 한다는 스토리다.

도박은 이미 스웨덴 사람들의 일상으로 스며들었다고 해도 과언이 아니다. 스웨덴의 간판 축구선수 즐라탄 이브라히모비치Zlatan

Ibrahimovic조차 스포츠도박업체 베트하드Bethard의 홍보모델로 활동한 경력이 있다. 2018년 월드컵 당시 즐라탄은 베트하드의 홈페이지를 통해 각 조 모든 경기의 예상 스코어를 게재했다. 현직 축구선수가 도박사이트에서 베팅을 한 것이다. 그리고 이와 같은 행위는 국제축구연맹FIFA이 승부조작 가능성, 윤리적 문제 등의 이유로 엄격히 규제하고 있는 것이다. 논란이 일자 즐라탄은 베트하드가 다른 도박업체와 구분되는 진정한 도전정신을 가지고 있어 모델로 나선 것이라는 변명을 늘어놓았다.

2016년 기준 국가별 성인 1인당 연평균 도박손실액에서 세계 1위를 차지한 국가는 호주(900달러)다. 그 뒤를 싱가포르(690달러), 아일랜드(510달러), 핀란드(480달러), 미국(480달러)이 잇고 있다. 연간 도박손실액 390달러를 기록한 노르웨이는 8위를, 스웨덴(300달러)과 덴마크(290달러)는 각각 13위와 14위를 차지했다.[11]

스웨덴 성인 인구 3명 중 1명은 매주, 그리고 나머지 1명은 매달 도박을 하거나 복권을 산다.[12] 경마 마권이 슈퍼마켓에서 판매될 정도로 도박이 일상화되어 있다. 또한 핀란드 성인 인구의 41%는 매주 도박을 한다. 심지어 핀란드에서는 거의 모든 슈퍼마켓, 주유소, 쇼핑센터에 슬롯머신이 설치되어 있다. 2021년 여름, 한 슈퍼마켓 체인점이 매장 내 슬롯머신을 철수하겠다고 발표하자 큰 화제가 되었을 정도다.

1인당 도박손실액에서 상위권을 차지하고 있는 호주, 싱가포르, 미국과 같은 나라들은 외국관광객이 카지노의 주요 수입원이다. 그러나 그렇지 않은 북유럽에서 이렇게나 도박산업이 발달한 이유는 무엇일까? 북유럽 사회가 복지 대국인 것은 사실이다. 그러나 동시에 높은 세율이 국민들의 생활수준을 심각하게 저해하고 있는 것도 사실이다. 소득에 매겨지는 세금이 너무 과해서 돈을 열심히 벌어도 생활비를 내기가 빠듯하다면 도박의 유혹을 물리치기가 어려울 수 있다. 저소득층과 같은 사회취약계층이 더 쉽게 도박에 빠진다는 사실과 같은 맥락이다.

도박을 제외하면, 물려받은 부가 많지 않은 대다수 사람들에게 부동산 투자는 유일한 자산 증식의 기회다. 최근에는 스웨덴 젊은 이들 사이에서 낡은 집을 사서 저렴한 비용으로 깔끔하게 셀프 인테리어를 한 후 비싸게 되파는 재테크가 인기를 끌기도 했다.

스웨덴의 가계부채비율은 전 세계에서도 가장 높은 편에 속한다. 가계부채의 가장 많은 부분은 주택담보대출이다. 이러한 부채 구조가 만들어진 데는 주택 보유에 친화적인 조세정책, 주택공급 부족 등의 제도적 요인에다 부동산으로 돈을 벌고자 하는 스웨덴 사람들의 열의가 큰 몫을 했다. 가계부채의 급증과 부동산가격 상승은 스웨덴뿐 아니라 덴마크, 노르웨이 등 북유럽 국가들이 공통으로 겪고 있는 사회 문제다.

OECD 국가 중 2020년 기준으로 가처분소득 대비 가계부채비율이 가장 높은 국가는 덴마크(259%)와 노르웨이(246%)다. 덴마크와 노르웨이는 가계가 갚아야 할 빚이 1년 동안 벌어들인 수입에서 세금 등을 제외한 소득의 두 배를 훌쩍 넘어섰다. 한국(201%)과 스웨덴(200%) 역시 상위 그룹을 형성하고 있다.

북유럽 국가의 탄탄한 사회안전망을 고려할 때 가계부채가 높은 것이 반드시 상환능력이 떨어진다는 뜻은 아니며, 따라서 이에 따른 리스크가 높지 않다는 의견도 있다. 그러나 북유럽 국가의 국민들이 일본(114%), 미국(105%), 독일(99%)[13] 등 주요 선진국에 비해 두 배 가까이, 혹은 그 이상의 많은 빚을 지고 살아간다는 사실은 결국 경제에 막중한 부담으로 돌아올 수밖에 없다.

더구나 북유럽은 세계에서 가장 거품이 많이 긴 주택시장을 보유한 지역으로 꼽힌다. 2021년 6월 블룸버그 이코노믹스**Bloomberg Economics**가 분석한 국가별 집값 거품 수준에 따르면 뉴질랜드(1), 캐나다(2), 스웨덴(3), 노르웨이(4), 영국(5), 덴마크(6)가 순서대로 위험 상위권에 올랐다. 한국은 19위를 차지했다.[14] 이 상황에서 주택가격이 하락세로 반전되면 버블이 붕괴하면서 심각한 경기침체로 이어질 우려가 있다.

돈을 벌고 소비의 즐거움을 누리고 싶은 마음은 가장 인간적인 욕구다. 욕구의 크기가 사람마다 다소 차이가 있을지언정 그 마음은 누구에게나 있다. 그러나 막대한 세금은 정당한 노력에 보상을 부여할 기회를 빼앗고 도박이나 부동산 투자처럼 한몫을 크게 잡을 수 있는 한탕주의 심리를 키운다. 적정 수준의 세금은 공동체의 관리와 운영에 필수적이지만 이를 넘어 지나치게 높아질 때 사회적 비효율과 부작용을 부를 수 있음을 유념해야 한다.

월급쟁이들의
쌈짓돈을 턴다

북유럽 모델은 부자증세에 기반하고 있지 않다. 이들 국가의 과세 원칙은 서민증세에 있다. 국가 전체에서 상위 10% 소득자가 차지하는 세금의 비중과 소득의 비중을 각각 비교했을 때 이 비율이 1보다 크면 조세제도가 누진적으로 설계되어 있다는 뜻이다. 스웨덴(1.00)과 덴마크(1.02)는 고소득자들의 수입과 납세액의 비중에 차이가 거의 없다. 심지어 아이슬란드(0.90)와 노르웨이(0.95)에서는 오히려 수입에 비해 상대적으로 적은 세금을 낸다. 북유럽에서는 핀란드의 부자들(1.20)이 유일하게 OECD 평균국가들(1.11)에 비해 상대적으로 더 많은 세금을 내고 있다.

반면 자본주의의 종주국 미국에서는 이 비율이 1.35에 달한다.[15] 미국의 부자들은 북유럽의 부자들보다 상대적으로 수입에 비해 세금을 더 많이 내고 있다. 한국도 같은 방식으로 계산한다면 1.6 정도가 된다. 한국의 소득 상위 10% 계층은 전체 소득의 43%를 벌어들이고 있지만 국가 전체 소득세의 70%를 부담하고 있다.

고소득자에 대한 세금부담 쏠림 현상이 벌어지는 곳은 미국이나 한국과 같은 나라들이다. 북유럽 국가들이 아니다.

50%를 웃도는 소득세 최고세율은 으레 고소득자를 타깃으로 한다. 적어도 미국과 한국에서는 그렇다. 그러나 스웨덴에서는 평균소득의 1.5배, 덴마크에서는 1.3배 이상을 벌어들이는 근로자에게도 절반에 가까운 세금이 부과된다. 이들은 소득수준별로는 중산층에 해당하지만 대기업 CEO를 비롯한 초고소득자들과 같은 세율구간에 속해 있다.

더구나 근로자들은 급여의 31.42%에 달하는 고용주세까지 일부 부담하고 있다. 사회복지재원의 중요한 축을 담당하는 이 고용주세는 고용주인 기업이 그 책임을 지는 것이 원칙이다. 그러나 기업의 입장에서는 경영에 적지 않은 부담이 되는 고용주세 납부를 위해 그만큼 근로자의 급여를 낮출 유인이 있다. 고용주세는 기업 실적과 연동되는 법인세와는 다르게 고정비로 작용하기 때문이다.

여기에 25%에 달하는 높은 부가가치세 등 숨겨진 세금까지 감안하면 중산층에 가해지는 부담은 더욱 무거워진다. 스웨덴 경제학자 니마 사난다지Nima Sanandaji는 평균급여를 벌어들이는 보통의 근로자가 부담하는 총 세율이 모두 합쳐 63%에 달한다는 연구 결과를 발표한 바 있다.[16] 100을 벌면 63을 국가에 납부하고 나머지 37만큼을 소득으로 돌려받게 되는 셈이다.

문제는 이 과정에서 가장 크게 타격을 입는 대상이 근로소득을 주된 수입으로 삼는 중산층 이하의 계층이라는 점이다. 소득세 세율이 높아지면 근로를 통한 노력으로 능력 있는 중하위계층이 신분 상승을 할 수 있는 길이 좁아진다.

반면 자본가들은 상대적으로 근로자들에 비해 세금부담이 훨씬 가볍다. 재산 관련 세금은 없거나 매우 낮아 상속 또는 증여를 통해 부를 다음 세대로 고스란히 이전하는 것이 가능하기 때문이다. 이 와 동시에 기업이 납부하는 법인세 역시 전체 세원에서 고작 6%를 차지하는 수준으로 그 비중이 결코 높지 않다.

이처럼 스웨덴의 조세시스템이 중산층의 근로소득에 가혹하고 자본에 우호적인 것에는 이유가 있다. 근로소득에 높은 세금을 매기는 것에는 의외로 조세저항이 크지 않다. 우리나라 언론과 스웨덴 전문가들은 이를 두고 스웨덴 국민이 정부에 무한한 신뢰를 가지고 있기 때문이라고 설명한다. 세금이 낭비되지 않고 복지서비스로 되돌아올 것이라고 믿기 때문에 높은 세금에 대해서도 긍정적으로 생각하고 성실하게 납세를 한다는 것이다.

그러나 세금을 많이 내야 하는 고소득자들의 입장은 평범한 근로소득자들과 다르다. 이들은 교육수준이 높아 외국에 나가도 쉽게 일자리를 구할 수 있고 지능적으로 세금을 회피할 방법을 얼마든지 찾아낼 수 있다. 조세피난처를 통해 소득이나 재산을 숨기고 있는 스웨덴 부자들의 수가 400여 명에 달한다는 한 조사결과가 그 좋은 예다.[17] 스웨덴의 대표 기업가이자 부자로 꼽히던 테트라팩의 창업자 루벤 라우싱**Ruben Rausing**, 이케아의 창업자 잉바르 캄프라드 **Ingvar Kamprad**, 저명한 기업인인 프레드릭 룬드버그**Fredrik Lundberg** 등은 높은 세금을 피해 아예 고국을 떠났다. 그리고 상속세와 부유세가 폐지된 이후 다시 돌아왔다. 이처럼 부자들과 자본은 이동성이 높아 세율이 낮은 나라로 얼마든지 도피할 수 있다.

이와 같은 세금 회피 목적의 자본 이동을 막기 위해 프랑스의 경제학자 토마 피케티**Tomas Piketty** 박사는 글로벌 차원에서 같은 세율의 자본세를 매기자고 주장한 바 있다. 그러나 피케티 스스로도 '유토피아적'이라고 인정했듯 글로벌 자본세가 현실의 정책으로 구현될 가능성은 거의, 아니 전혀 없다고 보아도 무방하다. 조세피난처 국가들이 다른 나라와 금융자료를 공유하는 것과 같은 착한 공조체제를 마련하는 것에 동의할 이유가 없기 때문이다. 더구나 부자들의 자산은 미술품, 보석, 골동품, 유가증권, 골드바 등 다양한 형태로 존재하지만 현금화를 하지 않는 한 과세 대상에 포함되기도 어렵다. 결국 부자들의 자본에 징벌적 과세를 매긴다는 아이디어는 장밋빛 희망에도 불구하고 현실에서 유효한 대안이 될 수 없다.

뿐만 아니라 법인세를 올리면 기업의 생산과 투자 의욕이 꺾이는 부작용을 감수해야 한다. 설사 세율을 올린다고 하더라도 세수가 그에 비례해 늘어난다는 보장이 확실한 것도 아니다. 세율을 낮게 유지하더라도 기업의 비즈니스 환경을 개선해 사업과 투자활동의 의욕을 고취시킨다면 세수를 더욱 확보할 수 있다. 이는 미국 경제학자 아서 래퍼**Arthur Laffer**가 고안한 '래퍼곡선'의 핵심 이론이기도 하다.

부유층과 대기업을 상대로 한 증세는 정치인들의 인기를 높이는 데는 도움이 될지 모르지만 복지체제 구축에 필요한 세원을 마련하는 것에는 큰 도움이 되지 못한다. 상위 소득자를 타깃으로 한 '핀셋증세'로 확보할 수 있는 재원은 한정적이다. 오히려 넓고 보편적인 증세가 세원 확보에 도움이 된다. 그래서 스웨덴 정부가 전 국민을 광범위한 세원으로 삼되 이동성이 강한 자본보다는 직장인들의 유리지갑에 세금을 매기고 있는 것이다. 그리고 이 과정에서 중산층을 집중적으로 겨냥하고 있는 것이다. 세금을 늘리고 보편적 복지제도를 실시하면 부를 재분배할 수 있다는 생각이 순진하고 단편적인 발상일 수밖에 없는 이유다.

탈세 감시 사회

6,000원만 내면 내 옆자리 동료의
연봉을 알려 드립니다

나는 스웨덴에서 일할 때 직원들의 연봉협상 업무를 맡았다. 스웨덴에는 한국의 호봉제와 같은 개념이 없어 연공서열에 따라 매년 일률적으로 연봉이 인상되지 않는다. 그래서 연말이 되면 개별 연봉협상을 위해 일대일로 직원들과 면담을 하곤 했다. 하루는 면담을 하던 한 직원이 자신의 연봉 수준에 대한 불평을 털어놓았다. 옆자리의 다른 직원보다 훨씬 낮다는 것이었다. 급여 관리 업무를 하면서 보안에 신경을 꽤 많이 썼던 나는 대체 이 직원이 다른 직원의 연봉을 어떻게 알게 된 것인지 속으로 내심 놀랐다. 그리고 나중에 슬쩍 물어보았다가 스웨덴의 세금달력^{Taxeringskalendern}이라는 책자에 대해 알게 되었다.

세금달력은 스웨덴에 거주하며 세금을 내는 납세자들의 소득 정보를 정리한 책자로 매년 발간된다. 정가는 3만2,000원(249크로나)이지만 종종 할인을 하기도 한다. 6,300원(49크로나)을 지불하고 한 달간 10명의 소득 정보를 확인해볼 수도 있다. 이 세금달력에는 이름, 주소, 생년월일, 주민등록번호 같은 개인정보들과 이 사람들이 회사에서 얼마를 버는지, 주식·부동산 거래에서 얼마만큼의 자본소득을 벌었는지에 대한 소득정보, 인보이스 연체 기록과 관련된 신용정보까지 기재되어 있다. 공개 대상은 18세 이상 모든 성인들로 병가, 실업 중이라고 할지라도 예외는 없다. 물론 연예인, 정치인과 같은 유명인들도 포함된다. 누가 됐건 이름만 알면 그 사람의 전년도 소득을 파악할 수 있다. 아래는 세금달력을 발간하는 사이트의 광고문구다.

"당신의 대학 동기나 상사는 얼마를 벌고 있을까요? … 우리는 연봉 정보를 매년 10만여 건 판매합니다. 스웨덴 사람들은 다른 사람의 연봉에 매우 관심이 많으며 익명으로 서로의 급여를 확인하는 것에 아주 열정적입니다… 당신의 연봉은 적절한 수준인가요? 직장 동료들의 연봉뿐 아니라 같은 산업군에 재직 중인 다른 직장인들의 연봉을 비교해 보세요. … 100% 절대 익명 보장, 결제 즉시 화

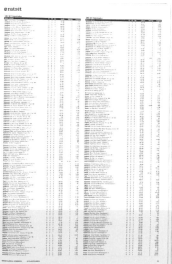

매년 발간되는 스웨덴의 세금달력.
고소득자들의 개인정보가 빠짐없이 공개되고 있다.
출처: www.ratsit.se

면에서 연봉 정보를 얻을 수 있습니다."

해당 사이트에서는 내 연봉이 어느 정도 수준에 위치하고 있는지 파악 가능하다. 성별, 연령, 지역에 따라 묶이는 이들 중에서 내 연봉이 몇 위 정도를 차지하는지 알 수 있는 것이다. 물론 소득만 공개되는 것은 아니다. 이름과 집주소를 포함한 개인정보도 같이 밝혀진다.

나의 일거수일투족,
모두가 지켜보고 있다

소득 정보는 유료회원에 한정되어 있지만, 로그인을 하지 않고도 아무런 제약 없이 확인 가능한 정보가 있다. 주소, 전화번호, 생년월일, 결혼여부, 동거인의 생년월일 및 전화번호, 보유한 차량의 차종 및 연식, 자동차세 납부 현황 등이 바로 그것이다. 사이트에서 지인의 이름을 치면 이 모든 정보가 그대로 드러난다. 연락이 끊긴 친구가 결혼을 했는지, 누구와 했는지, 혹은 동거 중인지, 새 차를 구입했는지, 어디에 사는지까지 한눈에 파악할 수 있다.

그야말로 나의 일거수일투족이 감시당하고 있는 셈이다. 나는 사생활 침해를 우려해 공공장소에서도 CCTV를 설치하지 않는 스웨덴에서 이런 개인정보 유출이 버젓이 일어나고 있는 것이 이해가 되지 않았지만, 막상 스웨덴 사람들은 이러한 정보 공개에 크게 개의치 않는 듯했다. 오히려 주소가 공개되면 친구 집을 방문할 때나 선물을 보낼 때 더 편하지 않느냐는 사람도 있었고, 중요한 일이 있을 때 당사자가 연락이 되지 않으면 동거인으로 표시된 사람을 찾아 대신 접촉할 수 있다며 정보가 공개되는 것에 장점이 많다고 말한 친구도 있었다.

본인의 개인정보가 사이트와 구글에서 검색되는 것이 불편하면 특별히 해당 사이트에 비공개 요청을 할 수도 있지만, 적어도 내 주변의 스웨덴 사람들은 아무도 비공개 요청을 하지 않았다. 오히려 스웨덴 사람들은 투명한 정보 공개가 신뢰할 수 있는 사회를 만드는 밑거름이 된다고 믿는다. 그래서 나의 일상이 익명의 다른 이들에 의해 감시되고 통제받을 수도 있는 상황에 대해 기꺼이 동의한다.

스웨덴 사회가 이처럼 개인정보 침해 논란을 무릅쓰고 소득, 금융거래 및 신용정보, 그리고 인적사항까지 투명하게 공개하는 것은 궁극적으로 탈세 방지에 그 목적이 있다. 관련된 정보를 공유하면 세금 납부에 대해 구성원 간에 자발적으로 상호 견제와 감시를 하는 것이 가능해진다. 그리고 정부는 탈세로 인한 세수 손실을 막아 효과적으로 복지재원을 마련할 수 있다.

현금 없는 사회

CHAPTER 03

탈세를 없애기 위해
현금도 없앤다

1661년 유럽 최초로 스웨덴에서 지폐가 발행됐다. 그러나 2021년 현재, 스웨덴은 현금사용비율이 전 세계에서 가장 낮은 나라다. 현금 없는 사회는 투명하다. 금융거래의 기록이 남아 돈의 흐름이 그대로 공개되기 때문에, 정부 입장에서는 탈세, 자금세탁 등 각종 금융범죄를 예방해 그만큼 세수를 확보할 수 있다는 장점이 있다.

스웨덴에서 탈세는 가장 중대한 범죄행위로 적발 시 엄중한 처벌을 피할 수 없다. 그래서 자영업자가 할인을 통한 현금결제를 유도하거나 카드를 냈다고 해서 수수료를 고객에게 떠넘기는 경우는 사실상 거의 없다. 투철한 사명감을 가진 스웨덴 국민들이 만에 하나 자영업자들의 탈세 정황을 포착하면 십중팔구는 반드시 국세청으로 제보를 하기 때문이다.

오히려 자영업자들에게는 현금 수령을 거부할 권리가 있다. 이들은 분실 위험이 있고 보관이 번거롭다는 이유로 현금 거래를 선호하지 않고 카드결제를 유도하는 경우가 잦다. 심지어 일부 교회는 헌금도 카드로 받는다. 친구를 따라 한번 들렀던 교회의 한쪽 구석에 ATM기와 같이 생긴 기계가 있어 자세히 보았더니 헌금을 카드로 납부하기 위한 장치였던 기억이 있다. 단 병원에서는 현금결제를 거절할 수 없다.

한 설문조사 결과에 따르면 스웨덴에서 현금결제를 거부당한 경험이 있는 응답자의 비율은 2014년 27%에서 2018년 45%로 해마다 급증하는 추세에 있다.[18] 워킹 홀리데이 비자로 입국해 스웨덴에서 단기 체류했던 내 지인 역시 현금을 내밀다가 꽤 여러 곳에서 거부당하는 수모를 겪어야 했다. 그녀는 사회보장번호(한국의 주민등록번호에 해당)가 없어 은행계좌를 개설하지 못한 탓에 스웨덴의 신용·직불카드를 만들 수가 없었다.

또한 스웨덴의 주요 대형은행, 저축은행, 조합은행, 외국계은행 중 약 절반 정도가 현금을 취급하지 않는다.[19] 내가 처음 스웨덴에 도착했던 2014년에는 회사 근처의 은행에서 소액이나마 현금을 보관하고 있어 입금도, 출금도 가능했었다. 그러나 은행이 보유한 현금의 수량 자체가 많지 않은 듯했다. 현금 260만 원(2만 크로나)에 대해 인출 요청을 했더니 은행원이 이 정도의 현금이 필요할 때는 다음부터 반드시 사전에 연락해달라는 부탁을 했기 때문이다.

그로부터 3년이 지난 2017년 즈음, 자주 들르던 은행에서 현금 서비스를 중단한다는 소식을 알려왔다. 스톡홀름에서 현금을 보유하는 은행은 극히 일부여서, 나는 현금을 입출금해야 할 때 차를 타고 약 5킬로미터를 달려 대형쇼핑몰 내에 위치한 은행을 찾아야 했다. 물론 회사 근처에 ATM기가 몇 대 있기는 했지만 하루 인출 금액에 제한이 있어 사용이 매우 불편했다. 심지어 ATM기에는 인출 기능만 있고 입금기능은 없는 경우가 많아 입금까지 되는 기계 앞에는 대개 긴 줄이 늘어서 있었다.

현금 없는 사회는 편리하다, 젊은이들에게. 그러나 고령층과 저소득층 등 이른바 금융취약계층은 이 편리함에서 철저히 소외되어 있다. 스웨덴 청년의 97%가 디지털 금융을 활용하지만 동시대를 살아가는 스웨덴의 80대 노인들은 0.7%만 이를 이용한다. 디지털이 익숙지 않은 노인들은 디지털 기기를 이용하기 위해 다른 이들의 도움을 받거나 극단적으로는 소비활동을 포기해야 할 것이다.

은행계좌가 없는 저소득층 역시 현금에 대한 접근성을 보장받지 못하고 있다. 신용·직불카드를 만들 수 없고 간편 결제를 이용하기 위한 스마트폰을 구매할 수도 없는 저소득층들은 현금 없는 사회의 또 다른 피해자다. 현금이 사라지면 이러한 금융취약계층의 소비활동이 제약된다. 또한 디지털 금융시스템은 개인의 금융정보 노출이나 대규모 정전 시 대체 지급수단이 없다는 리스크도 가지고 있다.

결국 스웨덴 정부는 현금 없는 사회로의 급속한 진전에 제동을 걸었다. 국민에게 현금접근성을 제고하는 방향으로 정책 방향을 선회한 것이다. 스웨덴에서는 2020년 1월부터 시중은행의 현금서비스 시행 및 현금자동인출기 설치가 의무화됐다.

자금의
출처를 밝혀라

내 지인은 한국에 계시던 부모님으로부터 용돈 명목으로 스웨덴의 은행계좌를 통해 수백만 원 상당의 돈을 수령했다. 그러나 얼마 지나지 않아 해당 은행으로부터 자금 출처에 대한 소명을 요청하는 전화를 받았다. 은행에 가서 현금을 입금할 때도 마찬가지다. 그 기준이 특별히 정해져 있지는 않지만 몇십, 몇백만 원 수준의 크지 않은 돈에 대해서도 그 출처에 대한 증빙을 요구받는 경우가 꽤 흔하다. 이처럼 은행이 개인계좌를 현미경으로 보듯 샅샅이 뒤져가며 자금의 형성과 이동, 축적에 이르는 흐름을 추적하는 것은 혹시 모를 탈세를 미연에 방지하기 위해서다.

2015년에서 2016년에 걸쳐 스웨덴 중앙은행은 대대적인 규모로 화폐를 신규 및 교체 발행했다. 정부가 막대한 비용을 감수하면서까지 화폐 교체 작업을 강행한 이유 역시 탈세와 자금세탁 같은 검은 돈을 추적하기 위해서였다. 현금은 카드와 달리 거래 내역이 기록되지 않아 추적이 불가능하다. 화폐를 교체하면 집에서 잠자고 있던 화폐가 신권 교환을 위해 은행으로 모이기 때문에, 이 과정에서 국민들의 숨겨둔 재산과 세금 납부 여부를 파악할 수 있다.

이러한 화폐 교체 작업과 관련하여 91세의 한 할머니 이야기가 스웨덴 언론들 사이에서 화제가 된 바 있다. 할머니는 평생 근검절약하며 모은 돈 1,400만 원(10만8,450크로나)을 침대 밑에 보관해왔다. 2016년 구권을 신권으로 교환해야 한다는 소식이 들리자 할머니는 전 재산을 들고 은행을 찾아갔다. 그러나 이 돈이 적법하게 획득된 것인지 확실치 않다는 이유로 신권 교환을 거절당했다. 91세의 할머니는 이 과정에서 과거에 돈 세탁이나 조직범죄에 가담한 경험이 없었는지에 대한 거친 질문에 시달려야 했다.

할머니는 재산을 어떻게 형성했는지에 대해 소명할 방법이 없었다. 수십 년 전에 받은 돈에 대한 증빙서류들을 모아두고 있지 않았기 때문이다. 은행을 상대로 한 소송에서도 패했다. 할머니는 은행과 정부가 자신의 전 재산을 훔쳐가는 것과 같은 짓을 했다며 분노했다. 그리고 그로부터 얼마 지나지 않아 사망했다.

스웨덴의 새 화폐

20크로나: 아스트리드 린드그렌(Astrid Lindgren(동화작가)

50크로나: 에버트 타우베(Evert Taube(작가·작곡가)

100크로나: 그레타 가르보(Greta Garbo(영화배우)

200크로나: 잉마르 베리만(Ingmar Berman(영화감독)

500크로나: 비르기트 닐손(Birgit Nilsson(성악가)

1,000크로나: 다그 함마르셀드(Dag Hammarskjöld(전UN사무총장·노벨평화상 수상자)

스웨덴 사회, 그리고 스웨덴 사람들

CHAPTER 01

표면의 평등

난민도 비즈니스맨도
모두 평등하다

최근 몇 년간 스웨덴 입국을 위한 노동 및 거주비자 발급 소요기간이 1년에서 1년 6개월가량으로 매우 장기화되었다. 그 원인으로는 스웨덴의 느리고 불편한 행정서비스뿐만 아니라 난민의 유입 증가로 인해 거의 마비상태에 이른 이민청 업무가 지목되고 있다. 비즈니스를 위한 비자 발급이라면 우선순위로 두어 빠르게 처리해줄 만도 하지만, 스웨덴의 평등 가치 아래에서는 난민들이 신청한 거주비자나 스웨덴 취업이 확정되어 비자를 신청한 비즈니스맨이나 같은 선상에서 발급이 논의된다. 무조건 접수된 순서대로 처리하는 것이 원칙이다. 수수료를 내고 패스트트랙을 이용할 수도 있지만 이 방법 역시 기약 없는 기다림에서 자유롭지 못하다.

스웨덴의 이러한 평등 가치에 대해 다시 한번 생각해볼 사건이 있었다. 나는 스웨덴어 공부를 위해 한 교육기관에서 수업을 들었다. 우리 클래스는 가장 초급단계로 나처럼 스웨덴에 온 지 얼마 안 되는 직장인 20여 명으로 구성되어 있었다. 그런데 첫 수업부터 스웨덴어 선생님이 100% 스웨덴어로만 강의를 하는 것이었다. 나는 한 마디도 알아들을 수 없었고 다른 학생들도 마찬가지였다. 참다 못해 한 학생이 손을 들고 영어로 수업을 해줄 수 있느냐고 물었다. 그러나 선생님은 학생의 요청을 무시한 채 스웨덴어만 계속했다. 수업이 진행되는 내내 학생들은 영어로, 선생님은 스웨덴어로 대화했다. 2시간여의 수업 동안 멍하니 앉아 있던 나는 왜 이렇게 비효율적으로 수업을 해야 하는지에 대해 의문이 들기 시작했고 화가 났다. 적어도 영어로 수업을 했더라면 2시간 동안 꽤 여러 문장의 유용한 스웨덴어를 배울 수 있었을 터였다.

나중에 스웨덴 친구에게 이 이야기를 들려주었더니, 그 친구의 대답은 이랬다. "영어로 수업을 하면 영어를 못하는 학생이 상대적으로 소외될 것이다. 모두가 스웨덴어를 못하는 상황에서는 스웨덴어로 수업을 하는 것이 가장 공정하다." 처음에는 이것이 스웨덴 사람들의 평등에 대한 강박적 집착이라는 생각이 들었지만, 스웨덴어로 하는 스웨덴어 수업에 익숙해져 갈 때 즈음에는 그 누구도 소외받지 않도록 배려하는 스웨덴식 사회적 평등에 대해 어느 정도 이해를 할 수 있었다.

스웨덴 회사는 조직 문화 역시 자유롭고 수평적이다. 관리자가 손님을 위한 커피를 직접 내어오고 CEO가 비서 없이 혼자서 여행 캐리어를 끌면서 출장을 다니기도 한다. 직급이 다르더라도 서로 이름을 부르고 상사라고 하더라도 실무자의 의사를 무시한 채 단독으로 의사결정을 내리는 경우는 흔치 않다. 왕위계승 제3순위인 마들렌 공주가 버스 차선에서 운전했다는 이유로 13만 원(1,000크로나)의 교통위반딱지를 떼였을 정도다.

여성도
군대 간다

세계경제포럼 **World Economic Forum**이 매년 공개하는 글로벌 성평등지수 **Global gender gap index**에서 스웨덴을 비롯한 북유럽 국가들은 항상 상위권을 차지한다. 성별 격차를 분석해 수치화한 이 지수는 1에 가까울수록 성평등이 높고 0에 가까울수록 낮다는 의미를 지닌다. 성평등이 가장 높은 국가는 아이슬란드(0.877), 노르웨이(0.842), 핀란드(0.832), 스웨덴(0.820)의 순으로 북유럽 국가의 양성평등 정도

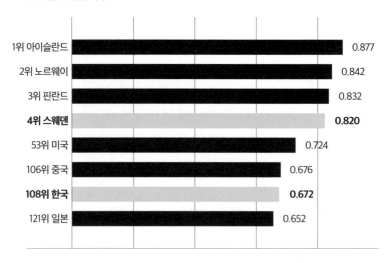

글로벌 성평등지수(2020년)

1위 아이슬란드	0.877
2위 노르웨이	0.842
3위 핀란드	0.832
4위 스웨덴	**0.820**
53위 미국	0.724
106위 중국	0.676
108위 한국	**0.672**
121위 일본	0.652

출처: 세계경제포럼WEF

가 매우 두드러지는 것을 알 수 있다.

양성평등의 정도는 스웨덴 의회에서도 확인할 수 있다. 2021년 기준 여성의원은 전체의 47%로 한국의 19%를 크게 상회한다. 중앙과 지방선거에서의 비례대표 명단 역시 남녀가 비슷한 비율로 등재되는 편이다. 행정부 내에서는 23명의 장관 중 여성이 12명으로 여성 비율이 무려 52%에 달한다.

반면 경제계에서는 아직도 여성의 영향력이 크지 않다는 평가가 있다. 상장기업 이사회 구성원 중 여성 비율은 3명 중 1명꼴이다. 물론 이 수치도 한국에 비하면 놀라울 정도로 높다. 하지만 스웨덴 정부는 이 비율이 최소 40%가 되어야 한다고 생각한다.

고위급을 제외한 여성의 일반적인 경제활동은 남성과 큰 차이를 보이지 않는다. 여성경제활동참가율은 66.2%로 남자(70.4%)에 비해 거의 비슷한 수준이며, 타 EU국가와 비교해 보아도 그 격차가 매우 적은 편이다. 여성의 급여는 남성의 90% 수준으로 비교적 낮은 편이나 직업과 섹터 차이를 제거하면 95.6%[1]로 거의 같은 수준이 된다. 여성이 주로 종사하는 직업이나 섹터가 비교적 급여가 낮은 경우가 많다는 점을 감안할 때 성별에 따른 임금 차이는 매우 미미하다고 볼 수 있다.

스웨덴에는 가정주부가 드물다. 당장은 일을 하고 있지 않더라도 일을 하기 위해 직업교육을 받거나 취업을 위한 노력을 하고 있는 경우가 대부분이다. 나는 한 스웨덴인으로부터 여성이 주부로 지내는 것은 게으르기 때문이라는 말까지 들어본 적이 있다. 물론 이처럼 여성들이 일과 육아를 병행할 수 있게 된 배경에는 정부와 남성들의 적극적인 지원과 배려가 있음을 빼놓아서는 안 될 것이다.

이뿐만이 아니다. 스웨덴의 여성들은 군대도 간다. 스웨덴 정부는 2010년 폐지한 징병제를 2018년부터 부활시키면서 여성을 징병 대상에 포함시켰다. 이는 성중립적인 군대를 만들어 성평등 의식을 확산시키기 위한 목적이다.

여성을 수동적이고 연약한 존재로 보는 것 역시 편견이자 차별이 될 수 있다. 스웨덴에서는 여성이 무거운 짐을 들고 있다고 해서

남녀의 국가별 경제활동참가율(2018년)

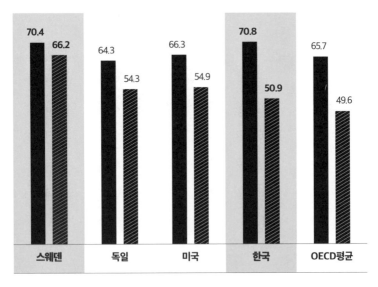

- 스웨덴: 70.4 / 66.2
- 독일: 64.3 / 54.3
- 미국: 66.3 / 54.9
- 한국: 70.8 / 50.9
- OECD평균: 65.7 / 49.6

■ 남자 ▨ 여자 단위: % 출처: OECD

남성들이 도와주는 경우가 흔치 않다. 물론 도움을 요청하면 친절한 스웨덴 사람들은 기꺼이 응할 것이다. 그러나 그렇지 않은 상태에서 먼저 도움을 제안하는 것은 상대방의 의사를 고려하지 않은 무례한 행동이라고 생각한다. 여성을 남성 못지않게 충분히 강한 존재로 간주하기 때문이다.

스웨덴 정부 홈페이지**www.government.se**를 방문하면 메인 페이지에서 '페미니즘 정부**A Feminist Government**'라는 문구를 발견할 수 있다. 스웨덴은 세계 최초로 '페미니스트 정부'임을 선언했다. 정책을 결

정하거나 예산을 배정할 때 스웨덴 정부는 양성평등을 최우선 순위
로 삼는다. 심지어 정부의 정책방향을 설명할 때조차 '여성과 남성
women and men'이라고 기술하며 여성을 앞에 내세우고 있다. 스웨덴
은 전 세계에서 가장 진보적인 양성평등 사회를 이루었다. 그러나
더욱 완전한 양성평등에 도달하기 위해 여전히 노력하고 있다.

소득이
평평한 나라

소득분배의 불평등도를 측정하는 지표로 흔히 지니계수를 이용한
다. 지니계수는 0에 가까울수록 평등하고, 1에 가까울수록 불평등
한 상태를 나타낸다. 시장(세전)소득에 조세, 사회보장정책 등의 재
분배 효과를 반영한 가처분소득으로 지니계수를 구할 경우 스웨
덴은 0.280이라는 매우 낮은 수치를 보인다. 최종적으로 근로자가
수령하는 소득이 학력, 직업, 그리고 성별에 따라 큰 차이를 보이
지 않다는 뜻이다. 반면 2018년 기준 한국의 가처분소득 지니계수
(0.345)는 다른 국가들에 비해 비교적 높은 수준을 기록하고 있다.
이는 조세가 전반적으로 낮고 사회복지의 안전망이 충분치 않아 소
득의 격차가 크게 유지되고 있기 때문인 것으로 풀이된다.

　　P90/P10 십분위율**P90/P10decile ration**은 고소득자 상위 10% 선에

OECD 소득분배 데이터

국가명	가처분소득의 지니계수	P90/P10 배율
독일(2018)	0.289	3.6
덴마크(2017)	0.264	3.0
노르웨이(2018)	0.262	3.1
스웨덴(2019)	0.280	3.4
일본(2018)	0.334	5.2
미국(2017)	0.39	6.2
한국(2018)	0.345	5.5

출처: OECD

걸친 값(P90)을 하위 10%의 선에 걸친 값(P10)으로 나눈 10분위수 배율로 OECD에서 사용하는 대표적인 소득분배지표다. 배율이 상승할수록 소득 불평등도가 높다는 뜻이다. 스웨덴의 10분위수 배율은 3.4로 전 세계에서 가장 낮은 수준을 자랑한다. 스웨덴의 최상위 10%의 근로소득이 총소득에서 차지하는 비율이 최하위 10%가 차지하는 비율에 비해 겨우 3.4배가 많은 수준에 불과하다는 뜻이다. 반면 우리나라는 이 배율이 5.5로 집계돼 다른 나라에 비해 빈곤층과 고소득층 간 근로소득 측면에서 격차가 많이 벌어져 있는 것으로 확인됐다.

이처럼 스웨덴에서 소득분배 수준이 균등하게 나타나는 것에 대해 그 원인을 복지국가의 틀이 잘 짜여 있기 때문이라고 해석하는 시각이 있다. 계층 간 소득 격차는 어쩔 수 없이 존재하지만 정부가 적극적인 분배정책으로 이를 보완하고 있다는 것이다. 틀린 얘기는 아니지만 정답도 아니다.

스웨덴은 정부가 복지체제를 구체적으로 설계하기 훨씬 이전부터 이미 노동의 대가가 비교적 균등하게 지켜지고 있던 나라였다. 미국보다 낮은 세율을 유지하며 시장경제체제에 전적으로 의존하던 1920년대에도 스웨덴은 주요 서구 국가들에 비해 소득 격차의 수준이 낮았다.

스웨덴 사람들의 평등주의 DNA는 8세기부터 11세기 초까지의 바이킹 시절로 거슬러 올라간다. 바이킹은 유럽과 러시아 등에 침입한 노르만족을 일컫는데 현재의 스웨덴, 노르웨이, 덴마크 사람들의 선조다. 그 당시 바이킹 배에 탑승한 사람들은 대서양으로 나가 부자들의 보물을 약탈한 후 지위나 직급에 관계없이 사람 숫자대로 전리품을 평등하게 분배했다고 한다. 바이킹의 이런 민족성이 오늘날 스웨덴 사회에 평등 문화를 뿌리내리게 했다는 평가가 있다.

한편 스웨덴에서 비교적 평등하게 유지돼왔던 소득의 배분은 오히려 1980년대 이후 벌어지기 시작했다. 당시는 광범위한 노동시장 규제, 높은 세율, 뛰어난 복지역량과 같은 복지국가로서의 전형적인 특징이 뚜렷하게 발현되던 시기였다. 스웨덴이 자유경제체제를 유지하던 시기에는 비교적 공정한 소득배분이 이루어졌다가, 사회주의적인 면모가 짙던 시기에 오히려 소득의 격차가 벌어졌다는 사실은 기존의 관념을 완전히 뒤집는 사례다.[2]

또한 스웨덴에서는 소득세 최고세율이 연봉 6,800만 원(52만 3,200크로나)을 초과한 중산층과 고소득자들을 대상으로 삼는다. 연봉이 6,800만 원인 사람과 10억 원 이상인 사람이 같은 소득세율을 적용받는다는 것은 소득세의 누진구조가 완화되었다는 의미이다. 그리고 이처럼 일정 소득 이상의 사람들에게 동일한 고율 과세를 실시하면 조세의 형평성 측면에서 불합리할뿐 아니라 소득재분배에도 크게 도움이 되지 않는다. 따라서 계층 간 비교적 낮은 수준의 소득 격차를 유지할 수 있는 스웨덴의 비결을 굳이 꼽자면 특유의 세금 및 복지체계보다는 고유의 역사적·문화적 배경 덕분에 애초에 임금격차 자체가 크게 발생하지 않기 때문인 것으로 보는 편이 맞다.

스웨덴의 평등주의는 대졸과 고졸을 차별하지 않는 문화에서도 잘 드러난다. 25~34세의 젊은 스웨덴 인구에서 대학졸업자는 48% 정도다. 둘 중 한 명은 대학을 가지 않으므로 고졸 출신에 대한 사회적 편견과 차별이 크지 않다. 또한 대학을 졸업했다고 해서 현실적으로 큰 보상이 주어지는 것도 아니다. 스웨덴의 대졸자들이 벌어들이는 소득은 고졸자들에 비해 22%가 더 많은 정도에 불과

한데, 이는 OECD 평균인 57%의 차이에 비해 훨씬 낮은 수치다.[3] 더구나 고졸이 사회에 일찍 진출한다는 점을 감안하면 생애소득에 있어 학벌에 따른 차이는 무의미하다고 봐도 무방하다. 다만 최근에는 고졸취업이 점점 어려워지는 이유로 대학 진학을 택하는 학생이 점점 늘어나는 추세다.

고졸자들에게도 정당한 취업의 기회가 주어지는 것은, 한국처럼 고졸자 적합 직종에 대졸자가 하향 취업해 대졸자들이 고졸자의 일자리를 잠식하지 않는다는 뜻이다. 간판보다는 실력을 우선시하는 사회풍조 하에서만 가능한 일이다. 대학에서 배운 전문지식이 생산활동에 실제적으로 도움이 된다면 좋겠지만, 그렇지 않은 경우라면 단지 고학력자라고 해서 높은 임금을 받는 것이 정당화될 수는 없다.

그러나 한편으로 열심히 공부를 해서 그럴듯한 직업을 가져도 그렇지 않은 사람과 소득에서 큰 차이가 나지 않는다면 학생들의 학습동기와 흥미를 유발하는 것이 어려워질 수 있다. 그래서인지 대학진학률을 끌어올리고자 하는 정부의 노력과 무료등록금 정책에도 불구하고 정작 대학에 진학하는 스웨덴 학생들의 비율은 절반을 채 넘기지 못하고 있다.

이면의 불평등

끊어진
부의 사다리

보험금융서비스 회사 알리안츠**Allianz**가 발간한 〈글로벌 부 보고서 **Global Wealth Report**〉**4**에 따르면 부의 배분이 가장 왜곡된 국가로 미국, 영국, 남아프리카공화국, 인도네시아, 인도, 러시아, 그리고 놀랍게 도 스웨덴과 덴마크 같은 북유럽 국가들이 꼽힌다.

스웨덴에서 순자산 10억 달러 이상의 부자는 대략 32만 명당 1명꼴로 세계에서 가장 높은 수준에 속한다. 인구 천만 명의 소국 이 배출한 10억 달러 이상 부자의 절대적인 수 역시 31명으로 전체

국가별 자산 10억 달러 이상의 부자 수(2020년)

순위	국가명	억만장자수	순위	국가명	억만장자수
1	미국	614	...	...	...
2	중국	389	14	스웨덴	31
3	독일	107	16	한국	28
4	인도	102	17	일본	26

단위: 명 출처: 포브스**5**

인구가 5배인 한국(28명)보다 많다. 영국의 경제전문지 이코노미스트**The Economist**에 따르면 고작 30여 명을 넘는 이들 자산가들이 소유한 재산의 규모는 무려 이 나라 연간 GDP의 1/4에 달하는 수준인 것으로 나타났다. 스웨덴처럼 부의 집중이 심한 국가는 사이프러스, 모나코와 같은 조세피난처나 러시아처럼 강력한 국가의 힘으로 국민들을 통제하는 나라를 제외하고는 찾아보기 힘들 정도다.[6]

　주요 국가들의 금융순자산**net financial assets** 평균값과 중간값을 비교해보자. 중간값이란 소득이 많은 순으로 배열했을 때 전체의 중간에 위치한 수치를 뜻한다. 미국은 평균 금융소득에 있어서는 전세계 1위지만 중간값에서는 13위로 그 순위가 급격하게 떨어진다. 스웨덴과 덴마크 역시 각각 평균값 6위에서 중간값 12위, 평균값 8위에서 중간값 22위를 기록하며 미국과 마찬가지로 평균값에 비해 중간값의 순위가 떨어지는 양상을 띤다. 이는 소수의 고소득자가 전체 평균값을 올리기 때문에 부의 순서로 줄을 세웠을 때 중간에 위치한 사람의 자산이 실제 평균값에 훨씬 미치지 못한다는 뜻이다. 빈부의 격차가 큰 상황에서 평균값을 따지는 것이 의미가 없는 이유다. 반면 이탈리아와 일본은 평균값에서는 각각 17위, 7위이지만 중간값에서는 10위와 3위로 순위가 상승한다. 자산소득의 격차가 비교적 크지 않다는 뜻이다.

크레디트 스위스Credit Suisse 은행이 발간하는 〈글로벌 부 데이터북Global Wealth Databook〉에서도 같은 시사점을 찾을 수 있다. 스웨덴 상위 1%의 부자들은 이 나라 전체 자산의 37.4%를 차지하는데, 이는 미국의 1% 부자가 차지하는 비중인 35.4%보다 높은 수준이다. 부자의 범위를 자산 상위 10%까지로 확대하면, 이들 10% 부자들은 전체 자산의 75.3%를 차지해 하위 50%가 보유한 자산(전체 자산의 -0.5%)에 비해 훨씬 큰 규모의 부를 소유하고 있는 것으로 나타났다.

이에 반해 한국은 상위 1%가 전체 자산의 29.8%, 상위 10%는 56.5%, 하위 50%는 15.4%를 차지해, 최상위 계층은 스웨덴에 비해 더 적은 수준의 자산을 갖는 반면, 하위 계층은 훨씬 많은 자산을 보유한 상태임을 알 수 있다. 우리는 으레 한국의 빈부격차가 매우 심각한 수준이라고 생각하지만 이처럼 주관적으로 인식된 불평등의 정도는 객관적으로 측정된 수치와 다소 괴리를 보이고 있다.

국가별 1인당 금융순자산의 평균값(2019년)

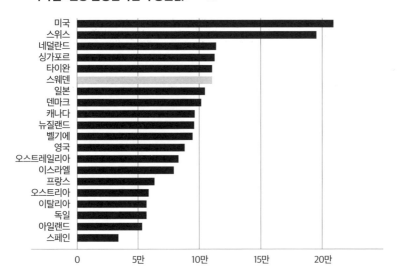

미국
스위스
네덜란드
싱가포르
타이완
스웨덴
일본
덴마크
캐나다
뉴질랜드
벨기에
영국
오스트레일리아
이스라엘
프랑스
오스트리아
이탈리아
독일
아일랜드
스페인

0 5만 10만 15만 20만

국가별 1인당 금융순자산의 중간값(2019년)

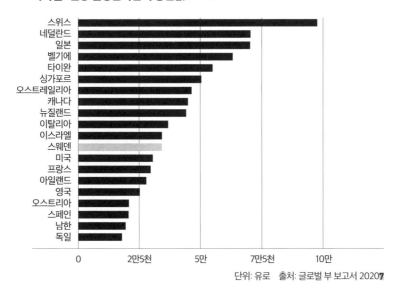

스위스
네덜란드
일본
벨기에
타이완
싱가포르
오스트레일리아
캐나다
뉴질랜드
이탈리아
이스라엘
스웨덴
미국
프랑스
아일랜드
영국
오스트리아
스페인
남한
독일

0 2만5천 5만 7만5천 10만

단위: 유로 출처: 글로벌 부 보고서 2020

주요국 자산 불평등도(2019년)

국가명	상위1%	상위10%	하위 50%
러시아	58.2%	82.7%	2.6%
스웨덴	37.4%	75.3%	-0.5%
미국	35.4%	75.9%	1.2%
노르웨이	32.2%	65.0%	2.4%
한국	29.8%	56.5%	15.4%
덴마크	29.3%	66.6%	-1.5%
일본	17.9%	48.0%	9.8%

주요 국가별 총자산 지니계수(2019년)

국가	총자산 지니계수	국가	총자산 지니계수
네덜란드	0.902	러시아	0.879
스웨덴	0.867	미국	0.852
덴마크	0.838	독일	0.816
노르웨이	0.798	중국	0.702
일본	0.626	한국	0.606

출처 : 글로벌 부 데이터북 2019

한편 국가별 총자산 지니계수에서 스웨덴은 0.867로 네덜란드 (0.902), 러시아(0.879)에 이어 세계 3위를 기록하고 있다. 이 지표에 따르면 스웨덴의 자산 불평등도는 세계에서 3번째로 심각한 수준으로 자본주의의 종주국 미국(0.852)보다 빈부격차가 큰 셈이다.

일반적으로 지니계수를 산출할 때는 국세청 납세 자료를 활용해 고소득자 소득 파악의 정확도를 높이는데, 상속세·증여세·부유세를 폐지시킨 스웨덴의 경우 부자들의 자산을 정확하게 파악하는 데 애로가 있을 수 있다. 최상위 계층 부자들의 부가 오히려 과소 계상되었을 가능성이 있다는 점을 감안하면, 스웨덴의 계층 간 자산 격차는 통계에서 나타나는 것보다 훨씬 심각한 상황일지도 모른다.

스웨덴과 같이 복지체계가 탄탄하게 설계된 국가에서 자산의 격차가 존재한다는 사실은 얼핏 모순처럼 들리기 십상이다. 그러나 각종 데이터에서 증명하듯 오히려 과도한 복지는 자산의 불평등을 심화시키는 결과를 초래한다. 실제로 스웨덴의 자산 하위 30%는 순자산이 마이너스이며, 그다음의 20%는 불과 스웨덴 평균가정의 한 달 소득에 상응하는 정도의 자산을 보유하고 있다.[9] 이는 복지국가의 중하위계층이 제공받는 혜택이 충분치 않아 빚을 져야 하는 상황에 처했거나, 오히려 사회적 안전망 덕분에 굳이 자산을 축척해야 할 필요가 없다고 느낀 나머지 저축을 포기했기 때문일 수 있다. 이유야 어쨌든 상속세 없이 자산을 후대로 고이 전달할 수 있는 부유층과 저축을 하지 않는, 혹은 하지 못하는 처지의 중하위계층

간 자산 격차가 고착화되고 있다는 사실은 여러 자료에서 분명히 드러나고 있다.

그렇다면 한국의 자산 불평등도는 왜 상대적으로 낮게 나오는 것일까. 금융자산 위주의 부를 축척하는 스웨덴(자산 중 금융 비중 62%, 비금융 38%)과 달리 한국은 부동산 위주의 실물자산 소유(자산 중 금융 비중 32%, 비금융 68%)가 이루어진다.[10] 자산이 실물 위주로 형성되는 경우 통상 그 불평등의 정도가 극심하게 커지기 어렵다. 또한 복지가 취약해 하위계층도 저축에 열심이기 때문에 자산 불평등이 상대적으로 완화될 수 있다. 실제로 순자산이 마이너스인 스웨덴의 하위 30%와는 다르게 한국의 하위 30%는 전체의 8.2%에 해당하는 정도의 자산을 보유하고 있다. 다만 OECD 국가 중에서도 자산 불평등이 낮은 축에 속했던 한국이 문재인 정부 출범 이후 부동산 가격의 급등으로 계층 간 자산 격차가 가파르게 확대되고 있다는 사실은 다소 아쉽다.

높은 자산 불평등도에도 불구하고 소득에 있어서는 평등한 배분을 보이고 있는 스웨덴과, 소득 불평등은 심하지만 자산의 격차는 비교적 크지 않은 한국의 경우를 봐도 알 수 있듯 자산 불평등이 심한 국가는 상대적으로 소득 평등도가 높고, 소득 불평등이 심하면 자산이 비교적 평등한 경우가 많다. 그렇다면 사회구조적으로 근로소득의 불평등과 자산소득의 불평등 중 어느 것이 더 심각한 문제일까?

나는 후자라고 생각한다. 자산의 불평등은 삶의 기회와 직결된다. 노동으로 버는 소득이 자산이 낳은 소득을 쫓아갈 수 없다면 열심히 일할 유인이 사라진다. 실제로 부자들은 생산 활동을 하지 않아도, 혹은 사회에 기여를 하지 않아도 자산을 가지고 있다는 이유만으로 주식 배당, 이자 소득, 부동산 임대료 등의 불로소득을 쉽게 얻고 있다. 심지어 같은 금액을 근로소득으로 벌었을 때와 비교해 세금도 더 적게 낸다. 스웨덴을 비롯한 많은 나라에서 자본이득에는 대부분 낮은 세율을 적용하기 때문이다. 자본소득의 불평등이 심한 나라에서 부자는 계속 부유해질 수 있다. 그리고 이와 동시에 중산층 경제주체들은 근로의욕을 상실하고 부자가 되고 싶은 꿈을 쉽게 포기해버리게 된다.

개천에서
용 나지 않는다

스웨덴을 포함한 북유럽 국가들은 여러 조사 결과에서 계층 간 이동성이 높은 사회로 나타난다. 세계경제포럼WEF이 2020년 내놓은 글로벌 사회이동성 지수Global Social Mobility Index는 한 국가에서 개인의 계층 이동이 가능한 정도를 측정하기 위해 보건, 교육접근성, 교육의 질 및 공평성, 평생학습, 기술접근성, 근로기회, 임금의 공정한 분배, 노동조건, 사회적 보호, 포용적 제도 등 10개 부문에 걸쳐 51개의 지표를 평가하고 있다. 그리고 그 결과 덴마크, 노르웨이, 핀란드, 스웨덴, 아이슬란드 순으로 북유럽 국가들이 1위부터 5위까지를 모두 휩쓸었다.

북유럽 국가들이 이처럼 사회이동성 측면에서 높은 점수를 기록할 수 있었던 배경에는 부모 세대의 소득정보와 무관하게 전 계층에 균등한 교육 기회를 제공하는 것이나 최하위 계층까지 복지재정이 흘러 들어간 점이 결정적인 요인으로 제시됐다.[11]

미국의 경제학자이자 정치인 앨런 크루거Alan Krueger가 고안한 '위대한 개츠비 곡선The Greatest Gatsby Curve'은 부자와 가난한 자들의 소득격차가 작아질수록 세대 간 계층 이동성이 높아진다고 주장하는 이론이다. 이 이론에서도 북유럽과 같이 소득 불평등도가 낮은 국가들이 전반적으로 고루 높은 점수를 받은 것으로 드러났다.[12]

그러나 이러한 시사점들은 애초에 조사방법이 사회민주주의를 국가 체제의 기본 틀로 삼고 있는 북유럽과 같은 나라들에 유리하게 설계되어 있다는 점에서 문제가 있다. 중하위계층이 신분 상승할 수 있는 가장 확실한 방법은 고소득 직장을 갖거나 창업에 성공하는 것이지만 이를 위해 필요한 산업구조의 다양성, 내수시장 규모, 경제성장률, 창업 환경, 창업가 정신, 벤처캐피탈 투자규모, 유니콘기업(기업가치 10억 달러 이상의 스타트업) 배출 수, 특허·디자인 등 지식재산권 출원 빈도와 같은 핵심지표는 조사에서 배제되어 있다.

또한 이러한 지표들은 가난에서 벗어나기 위한 노력과 사회적 분위기의 중요성을 간과하고 있다는 점에서 문제를 지닌다. 신분제 전통이 아직 남아 있는 점, 능력 위주의 경쟁보다 평등을 선호하는 정적인 사회 분위기, 계층 상승의 열망이 크지 않은 국민성 등 다른 요인들까지 고려되었다면 사회이동성 측면에서 북유럽 국가들은 기대에 못 미치고 미국은 이를 웃도는 성적을 받았을지도 모를 일이다. 평등의 기준이 자산보다는 소득에 있는 까닭에 축적한 부에 있어서 부모로부터 막대한 유산을 물려받은 젊은이가 직장에서 열심히 일해 돈을 버는 이를 훨씬 앞서가는 경우가 고려되고 있지 않다는 점 역시 문제다. 분석 결과를 신뢰하기 어려운 이유는 바로 이처럼 연구의 설계가 불완전한 것에 있다.

오히려 상기의 조사 결과를 정면으로 거스르며 북유럽 사회에 부의 대물림이 고착화되어 있다는 사실을 보여주는 자료가 있다. 북유럽에서는 상속형 부자 비율이 매우 높다. 10억 달러 이상의 자산을 가진 스웨덴 부자들 중 부모로부터 재산을 상속받아 그 부를 축적한 사람의 비율은 무려 63.2%이다. 반면 사업을 일으켜 재산을 모은 창업가나 기업의 고위급 임원 등 자수성가로 돈을 번 경우는 36.8%에 불과하다. 더구나 핀란드는 상속형 부자의 비율이 100%, 덴마크는 83.3%에 달하는 것으로 나타나 북유럽에서는 자수성가로 성공하는 것이 쉽지 않음을 추정할 수 있다. 미국과 완전히 반대다. 미국은 자수성가형 부자(71.1%)가 부모로부터 부를 물려

국가별 10억 달러 이상 자산가 유형(2014년)

국가명	상속	자수성가형			
		창업	기업소유자(owner) 및 임원	정치적 커넥션	금융부문
미국	28.9	32.1	8.4	3.8	26.8
유럽	35.8	23.4	6.4	20.4	14
덴마크	83.3	0	16.7	0	0
핀란드	100	0	0	0	0
노르웨이	22.2	33.3	11.1	0	33.3
스웨덴	63.2	15.8	0	5.2	15.8
동아시아	17.1	32.5	15.1	9.1	26.2
중국	2	40.1	25	9.2	23.7
일본	18.5	63	7.4	0	11.1
한국	74.1	18.5	3.7	0	3.7

단위: %   출처: Peterson Institute for International Economics**13**

받은 부자(28.9%)보다 많다.

최상위 계층이 부의 대부분을 독점하면서 상속세·증여세·부유세와 같은 부자들을 대상으로 한 과세제도가 없는 스웨덴에서는 부의 집중과 대물림이 이루어진다. 그러나 한 가지 신기한 점은, 이러한 자산소득의 불균형에도 불구하고 부자들에게 유리하게 설계된 과세시스템에 대해 미국과 한국에서 벌어지는 격렬한 논쟁과 반성의 목소리가 스웨덴에서는 들리지 않는다는 것이다.

왕후장상의 씨가
따로 있다

스웨덴은 평등과 같은 인간의 존엄에 가장 앞장서는 나라임에도 불구하고 아직까지 귀족적인 전통을 지키고 있다. 입헌군주제 아래 국왕인 칼 16세 구스타프 **Carl XVI Gustaf**가 재위 중에 있으며, 약 600여 개의 가문에 2만 명이 넘는 귀족들이 있다.

과거 스웨덴 귀족들은 정부 관료에 우선적으로 임명된다거나, 세금을 면제받는 것과 같은 혜택을 누렸으나 현재는 대부분의 특권이 폐지되고 자신의 성(姓)과 작위, 가문의 문장을 지킬 수 있는 권리 정도를 인정받고 있다. 귀족들의 성은 일반적인 스웨덴 사람들과 달라 쉽게 구별할 수 있는데, 귀족이 아닌 사람들이 귀족집안 출신의 성을 획득하는 것은 법으로 금지되어 있다.

귀족들은 이른바 '부촌'이라고 불리는 지역에 모여 살며 자신들만의 이너 서클을 만들고 귀족으로서의 정체성을 공유한다. 그리고 스웨덴 인구의 0.2%에 불과한 소수자임에도 불구하고 정치, 미디어, 외교관, 이사회 멤버 등에서 그 존재를 강하게 드러내고 있다.

변호사의 경우 백작과 공작이 차지하는 비율은 이들이 스웨덴 전체 인구에서 차지하는 비율의 6배나 된다. 귀족 간에도 계층이 세분화되어 있는 까닭에 작위가 없는 귀족(경)은 그 비율이 3배에 그친다.[14]

누구에게나 공평한 무상교육체제가 마련이 되어 있다 하더라도 계층을 이동하는 것은 결코 쉬운 일이 아니다. 더구나 이는 단순히 정책의 변화로 실현될 수 있는 문제도 아니다. 그러나 스웨덴의 평범한 사람들은 태어날 때 이미 정해지는 신분에 대해 큰 불만이 없다. 그래서 18세기의 귀족들은 21세기의 스웨덴에서도 그 존재를 유지할 수 있다.

스웨덴 귀족들의 회동 장소로 사용되고 있는 '귀족들의 집Riddarhuset'.

사회 통합의 위기

CHAPTER
03

난민,
스웨덴에 몰려오다

스웨덴은 전통적으로 인간의 기본 권리와 인도주의적인 가치를 대표해온 나라다. 전 세계에서 난민에게 가장 우호적인 나라이기도 하다. 많은 스웨텐 국민들이 거리로 쏟아져 나와 난민을 돕자는 시위를 벌이고 인도적 차원에서 이들을 돕기 위한 봉사활동에 자발적으로 참여했을 정도다. 혹시 대외적으로 난민에 대한 인도적 지원 자체에는 찬성하더라도, 정작 난민들이 자신의 근처에 오는 것은 꺼릴 수도 있지 않을까. 그러나 이는 스웨텐 사람들의 선의를 삐딱

한 시선으로 바라본 나의 큰 착각이었다.

내 직장동료의 아이들이 다니던 한 초등학교에서는 학부모들을 대상으로 학교 인근에 난민캠프를 설립하는 계획과 관련된 설문조사를 실시했다고 한다. 그런데 결과는 놀랍게도, 설립을 찬성하는 학부모들의 의견이 반대하는 의견보다 더 많은 것으로 나타났다. 설립의 필요성은 인정하더라도 내 집 주위에 들어서서는 안 된다는 이른바 '님비현상'을 해결한 이들의 성숙한 시민의식에 감탄하지 않을 수 없었다.

스웨덴 국민들은 대부분 인도주의적인 이유로 난민 수용을 반긴다. 정치권은 이외에도 빠른 고령화와 저출산에 따른 노동력 부족을 난민 수용으로 해결하고자 하는 실리주의적 논리까지 내세운다. 이들은 난민들의 노동력으로 일손이 부족한 저숙련 서비스 부문의 공백을 채울 수 있기를 기대하고 있다. 스테판 뢰벤**Stefan Löfven** 스웨덴 총리 역시 난민 유입을 고령화 문제 해결의 묘수로 활용할 수 있다며 EU 국가를 상대로 적극적인 난민 수용을 촉구했다.

나의 유럽은 어떠한 벽도 세우지 않습니다. 우리는 요청이 있을 때 서로 도와야 합니다.

– 스테판 뢰벤 총리, 2015.9.6.

스웨덴은 2015년 한 해만 16만3,000명의 난민을 받았다. 이는

스웨덴의 난민 신청자 수

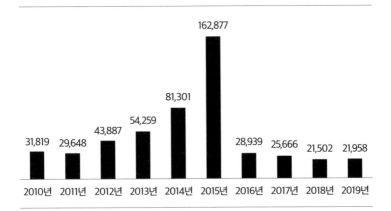

162,877

81,301

54,259

43,887

31,819 29,648

28,939 25,666 21,502 21,958

2010년 2011년 2012년 2013년 2014년 2015년 2016년 2017년 2018년 2019년

단위: 명   출처: Statista**15**

스웨덴 전체 인구 천만 명의 1.6%에 달하는 수치다. 한국으로 치면 1년 간 약 83만 명의 난민이 입국한 셈이다. 이에 따라 스웨덴은 현재 유럽에서 인구 대비 가장 많은 난민을 수용한 국가가 됐다. 그러나 난민의 과도한 유입에 따른 사회적·경제적 부담을 우려하는 목소리가 커지자 스웨덴 정부는 난민을 적극적으로 수용하려던 기존 입장을 철회하고, 유입 속도를 조절하기 위한 조치에 들어갔다. 그 결과 2016년 이후 난민의 연간 유입수는 2만 명대로 크게 감소했다.

이민자 혐오로 가득 찬
극우정당이 인기를 끄는 이유

스웨덴에서 난민 유입이 본격화된 지 몇 년이 지나자 생명의 위협을 느끼고 고국을 등진 난민들을 포용해야 한다는 인도주의적 관점과 수용 역량에 한계가 있다는 현실적 시각이 부딪히기 시작했다. 그리고 이들로 인한 사회 혼란, 경제적 피해, 범죄율 증가 등에 대한 우려의 목소리 역시 점점 커지기 시작했다.

우려의 입장은 스웨덴의 제3당인 민주당에서 주로 대표하고 있다. 민주당은 더 이상 난민을 받으면 안 된다는 '반(反)난민'을 기치로 내걸며 난민에 대한 혐오를 공개적으로 표출한다. 그리고 난민 문제에 침묵으로 일관하는 여권에 실망한 유권자들을 지지층으로 흡수하며 급성장하고 있다. 민주당은 2014년 총선에서 12.9%, 2018년에는 17.6%라는 득표율을 기록하며 기성정당을 위협하는 존재가 됐다. 그리고 2019년 스웨덴 통계청이 내놓은 정당 지지율 조사에서도 22.6%의 지지율을 기록하며 집권당인 사민당(26.3%)을 턱밑까지 추격하고 있다.

그러나 막상 주위에서 민주당을 지지한다는 사람을 찾기란 쉽지 않다. 총선이 있을 때마다 스웨덴 국민들은 민주당의 약진에 예상치 못한 충격이라는 반응을 보였다. 페이스북과 같은 SNS에는 도대체 누가 민주당을 찍은 것이냐는 비난의 글이 하루 종일 올라

올 정도였다. 관용과 포용을 강조하는 스웨덴에서 반난민 정책을 앞세운 민주당을 지지하는 것은 사회적으로 용납받기 힘들다. 그래서 보이지 않는 민주당의 지지자들은 선거를 통해서만 속내를 표출하고 있다.

민주당의 메시지는 다소 급진적이고 난폭하다. 2015년 민주당은 스톡홀름을 방문하는 관광객들을 대상으로 길거리에서 구걸하는 이민자들에 대해 사과하는 내용의 광고를 게재했다. 광고의 내용은 아래와 같다.

스웨덴이 엉망인 상태여서 죄송합니다. 우리는 강제 구걸이라는 심각한 문제를 마주하고 있습니다. 국제 갱단들은 사람들의 절박함에서 이익을 취해갑니다. 우리 정부는 해야 할 일을 하지 않고 있습니다. 대신 우리가 그 일을 하겠습니다.

민주당은 또한 이민자들의 성범죄를 주요 프로파간다로 삼고 있다. 창당 이후 30여 년이 지나도록 그들의 메시지는 한결같다. "당신의 딸이 니그로의 장난감이 되도록 내버려두지 마라", "니그로와 성관계를 함으로써 당신의 조국과 가족 얼굴에 먹칠을 하지 마라", "이민자들은 젊은 여자에게는 강간을 하고 젊은 남자들에게서는 옷과 휴대폰을 뺏어간다", "정부가 국경을 개방해 성범죄가 늘고 있다" 등 자극적인 표현들이 난무한다. 개방과 관용의 정신이

민주당이 스톡홀름의 한 지하철역에 게재한 이민자 혐오 광고.
출처: Tt News Agency/Reuters

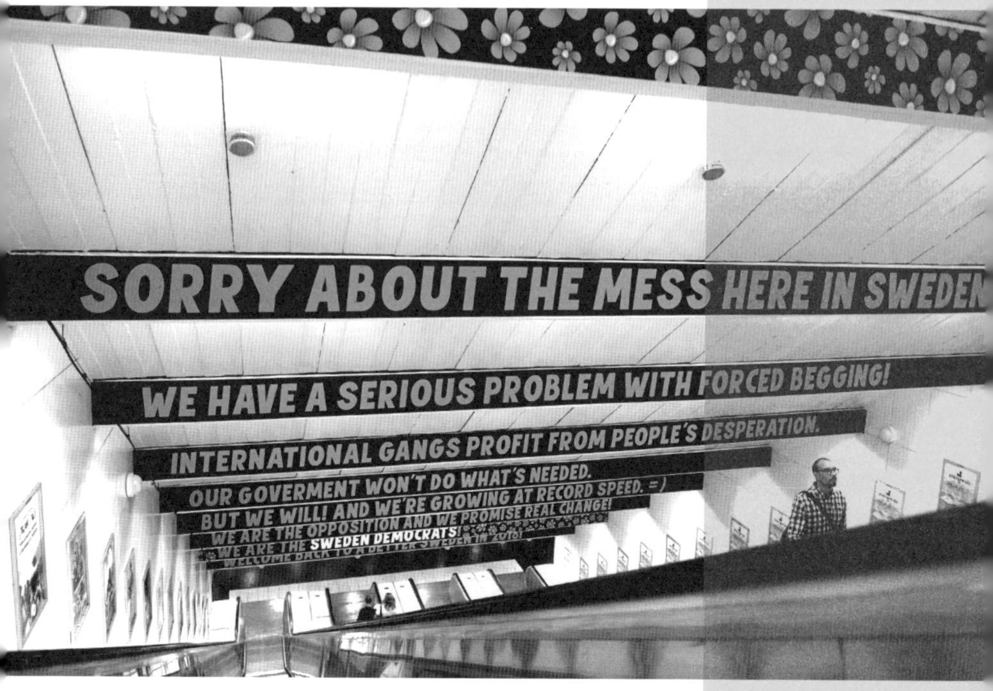

뿌리내린 나라에 갑자기 쏟아진 난민의 물결, 그리고 이를 거스르는 극단적이고 과격한 반대파들의 움직임이 스웨덴을 혼란에 빠뜨리고 있다.

이민자 유입으로 인해
커져가는 갈등

스웨덴으로 이주한 24살의 한 무슬림 여성은 취업면접 자리에서 종교적 이유로 남자 면접관과의 악수를 거부했다. 당황한 면접관은 종교적 신념보다 사회질서와 성평등 의식이 더 중요하다는 이유로 면접을 중단시키고 그녀를 돌려보냈다. 그러자 그녀는 종교를 이유로 차별당했다고 주장하며 회사를 상대로 소송을 제기했다. 법원은 그녀의 손을 들어주었고 회사 측에 520만 원(4만 크로나)의 벌금을 선고했다.[16]

스웨덴의 한 도시는 공공 수영장에 여성들만 입장할 수 있는 시간을 별도로 지정키로 결정했다. 공공시설임을 감안하면 성별에 따라 이용을 제한하지 않는 것이 평등원칙에 더 부합하나 무슬람 여성들의 요청이 잇따랐던 까닭이다. 또 다른 도시는 역시 무슬림들의 요청이 잇따르자 모스크의 스피커를 통해 거리로 아잔 소리를 흘려보낼 수 있도록 허용했다. 물론 이러한 조치들은 언론매체를 통해 현지 사회에 엄청난 논란을 불러일으켰다.

이처럼 난민들의 종교적 신념이 스웨덴의 사회질서와 충돌하는 경우가 잦아지면서 스웨덴 내에서 사회적 갈등이 증폭되고 있다. 난민들은 스스로가 변하기를 거부한다. 대신 스웨덴 사람들이 바뀌어주기를 바란다. 반면 오랜 시간 자신만의 방식을 쌓아온 스웨덴 사람들은 기존의 질서를 완벽하게 유지하고 싶어 한다. 양측의 의견이 이렇게 합의점을 찾지 못하고 평행선을 달리면 사회가 통합될 수 없다.

이민자들의 거주지 역시 스웨덴 사람들과 물리적으로 분리되어 있다. 스톡홀름 인근에서 이민자들이 모여 사는 곳은 링케뷔, 텐스타, 허스비와 같은 외곽이다. 이곳에서는 하루 종일 돌아다녀도 스웨덴 사람을 만나기가 쉽지 않다. 이 지역들은 원래 1960~1970년대 스웨덴 정부에서 주택난 해소를 위해 임대주택을 대규모로 지어 공급했던 곳이었지만 어느새 원주민들은 떠나고 이민자들이 모여들기 시작했다. 코리아타운처럼 출신 국가별로 공동체를 형성하는 것이 아니라, 여러 나라 출신의 이민자들끼리 마을을 형성해서 격리되다시피 살아가는 것은 스웨덴에서만 볼 수 있는 다소 특이한 현상이다. 이 경우 이민자들에게 '이민자'라는 낙인을 찍어 사회적 갈등을 더 증폭시킬 우려가 있다.

이뿐만이 아니다. 난민들이 복지 수혜 인구로 편입되면서 정부의 재정부담이 가중되고 있다. 성인 난민 한 명은 조건에 따라 한 달에 28만 원(2,159크로나)까지를 지원금으로 받는다. 그 외에 거주할 숙소가 따로 주어지고 언어교육, 직업교육이 무상으로 제공된다. 또한 무료에 가까운 비용으로 의료혜택을 누릴 수 있다. 스웨덴 노인이 틀니 시술비용으로 480만 원(3만7,000크로나)을 써야 한다면, 국가지원금을 받은 난민은 6,500원(50크로나)만 내면 된다. 심지어 2016년까지는 추방명령을 받은 이들에게도 추방 전까지 주택보조금과 생활비가 지급됐다.

많은 경우 난민들은 스웨덴어에 서툴고 취업에 대한 의지가 강하지 않다. 소말리아 출신의 난민들처럼 노동을 징벌로 간주해 애써 일하는 수고로움을 겪으려 하지 않는 이들도 있다. 난민들이 이처럼 경제활동인구에 편입되지 않고 복지에 기대어 살아가면 필연적으로 국가 재정에 압박이 커질 수밖에 없다. 16만 명의 난민이 스웨덴에 도착했던 2015년, 정부는 난민 지원 명목으로 GDP의 1.35%인 8조3,000억 원(60억 유로)을 지출했다.[17]

최근 몇 년 사이 스웨덴 내 폭력·절도 등 강력범죄가 급증한 것 역시 그 원인을 난민 탓으로 돌리는 의견이 많다. 2017년 스톡홀름의 최대 번화가 드로트닝가탄에서 대형 트럭 한 대가 백화점 입구로 돌진했다. 이 사고로 4명이 숨지고 15명이 다쳤다. 가해자는 스웨덴에 난민 신청을 했으나 거절당하고 잠적한 상태로 도망다니던 우즈베키스탄 출신의 한 남자였다. 같은 해 링케뷔에서는 이민자들이 폭동을 일으켜 차량에 불을 지르고 경찰을 공격하는 사건이 벌어졌다. 이민자 차별, 복지 혜택 감소 등에 불만을 품은 이민자들은 자신들의 분노를 폭력적인 방향으로 표출했다.

시리아 출신의 난민에게 성폭행을 당한 여성이 사건 발생 이후 자살을 한 사건도 있었다. 혐의를 조사하던 경찰은 유전자정보**DNA** 분석과 몸에 생긴 멍 자국에 대한 조사를 하지 않은 채 증거 불충분 으로 수사를 종결했고, 조사 결과에 크게 실망한 그녀는 결국 극단 적인 선택을 했다.[18]

이민자들의 천국이라 불리는 스웨덴 제3의 도시 말뫼는 10만 명당 3.4명(2016년)의 살인율을 기록해 북유럽에서도 가장 위험한 우범지대로 손꼽히는 지역이다. 같은 해 한국의 살인율은 0.7명 수 준이었다. 뿐만 아니라 폭탄테러, 총기 사건이 잇따르는 등 증오 범 죄가 심각한 수준으로 증가하자 말뫼 시에서는 이에 대한 해결책으 로 95억 원(7,000만 크로나)을 들여 30여 명의 범죄자들과 마약 중독 자들이 살 수 있는 거주공간을 제공키로 결정했다. 형벌과 격리보 다는 사회 적응의 기회를 주기 위한 교화 프로그램의 일종이었다. 이 중 전과자 2명에게는 발코니, 실내 벽난로가 딸린 55평 규모의 호화 아파트와 함께 무료 식사, 청소 전문업체의 클리닝 서비스까 지 제공한 값으로 월 1,300여만 원(9만9,000크로나)의 세금이 사용됐 다. 그러나 이들 중 상당수는 오히려 제공받은 아파트를 갱 조직의 소굴로 사용하며 계속해서 범죄를 저지른 것으로 나타나 선의의 시 도가 실패로 돌아갔다는 비난이 높아졌다.[19]

물론 이민자들이 범행을 더 많이 저지른다고 단언할 수는 없다. 스웨덴 언론은 사건을 다룰 때 범죄자의 인종이나 출신국과 같은 정보를 공개하지 않는 경우가 많고, 정부 역시 이민자에 대한 선입견을 심어줄 수 있다는 이유로 이민자 범죄와 관련된 통계를 공표하는 것을 금지하고 있다. 특히 정부는 "문제를 일으키는 사람 중 다수는 이민자가 아닌 스웨덴 사람"이라며 이민자들과 범죄 발생의 관련성을 부인하고 있다.

경찰의 수사력이 부족하다는 점 역시 국민들의 불안감을 증폭시키는 요소다. 내가 다니던 회사에서 직원이 잠깐 사무실을 비운 사이, 도둑이 유리창을 깨고 들어와 책상 위에 올려놓은 지갑을 훔쳐가는 사고가 있었다. 우리는 이 사건을 경찰에 신고했으나, 경찰들이 여름휴가로 부재 중이기 때문에 사건 접수가 지연되고 있다는 답변을 받았다. 결국 경찰은 범인을 검거하지 못했고 피해자는 도둑맞은 지갑을 돌려받지 못했다.

스스로 '인도주의적 초강대국Humanitarian Superpower'을 자처한 스웨덴의 난민정책은 현실적인 문제가 개입되자 방향을 잃고 흔들리고 있다. 그리고 많은 국민들의 우려에도 불구하고 정치권은 아직까지 난민들로 인한 사회경제적 비용에 대해 해결책을 제시하지 못하고 있다. 그 사이 민주당과 같은 극우정당이 앞장서 반난민 정서를 키우고 국민들을 분열시키고 있다. 서로 간의 감정적 격차도 계속 벌어지고 있다.

평등한 사회라는
환상

완벽한 평등은 스웨덴이 궁극적으로 추구하고자 하는 핵심 가치다. 그러나 사실 엄격한 잣대를 들이댔을 때 평등이 완벽하게 구현되기란 불가능에 가깝다. 특히 인종에 관련된 문제라면 평등의 중요성을 인식하고 있으면서도 배타적인 태도를 드러내는 경우가 있다. 다른 인종과 경제적인 이해관계에 얽히는 경우라면 더욱 그렇다. 이상과 현실에는 괴리가 있는 법이다.

내 한국인 친구는 스웨덴의 대학에서 재무과정 석사를 마쳤다. 한국에서 어문을 전공한 그녀가 굳이 스웨덴에서 재무학을 공부한 것은 취업에 유리할 것이라는 생각 때문이었다. 그러나 스웨덴 태생의 같은 과 학생들 전원이 취업에 성공하는 동안, 그녀를 포함한 외국인 학생들은 단 한 명도 일자리를 얻지 못했다. 그녀는 외국 이름을 가진 것 때문에 서류 과정에서조차 통과를 하기가 힘들었다고 말했다. 이력서에 인종을 기입하거나 사진을 부착하지는 않지만 이름을 보면 그 사람의 인종과 출신지역을 가늠할 수 있기 때문이다. 외국인이 이름을 스웨덴 식으로 바꾸면 취업이 쉬워진다는 연구 결과까지 나와 있을 정도다.

물론 고용주만 탓할 수는 없다. 스웨덴 고용법 하에서는 원칙적으로 자국민과 EU시민권자를 우선 채용해야 하며 그렇지 않은 경우에는 사유를 소명해야 한다. 한국인을 포함한 외국인들의 취업이 더욱 어려워지는 이유이기도 하다. 더구나 어렵게 정규직 취업에 성공했다 하더라도 이것이 모든 문제의 끝이 되지는 못한다. 외국인 근로자들은 직장에서 불리한 대우를 받는 것까지 감수해야 한다. 사내 정치에서 배제될 수 있고, 승진이 어려울 수도 있다. 나와 친하게 지내던 한국인 지인은 꽤 큰 회사를 다니고 있었지만 관리직 이상에서 스웨덴 사람이 아닌 다른 국적의 사람을 찾아보기 힘들다고 했다. 그리고 또 다른 지인은 다니고 있던 회사가 어려워지자 회사에서 함께 일하고 있던 한국 사람 7명과 함께 동시에 해고를 당했다.

동유럽이나 아랍지역으로부터 온 이민자들 역시 스웨덴 태생의 사람들과 철저히 구분된 직업을 가지고 살아간다. 우리가 흔히 선망하는 화이트칼라의 그럴듯한 직업은 스웨덴 사람들의 몫이다. 이민자들은 대신 이삿짐센터 기사나 청소부, 택시 기사, 이발사와 같은 직업을 갖는다. 내국인이 취업을 꺼리는 업종의 인력 수요를 이민자들이 채워주고 있는 것이다. 한번은 내가 있던 사무실에서 이민자가 아닌 스웨덴 사람이 청소 일을 맡았던 적이 있는데 우리 회사 직원들은 이 사람이 신기했던지 두고두고 회자를 하곤 했다.

스웨덴 사람들의 한국에 대한 인식은 어떨까. 내 경험으로 미루어보았을 때 안타깝게도 매우 높은 편은 아닌 듯했다. 동북아를 동남아와 같은 지역으로 간주하는 경우가 많아, 한국에서 왔다고 하면 "눈을 본 적이 있냐"는 식의 질문을 던지는 사람이 많았다. K-POP이 대세라고는 하지만 현지에서 그 인기를 실감하지는 못했다. 이는 물론 내가 10대들을 접촉할 기회가 많지 않아서였을 수도 있다.

스웨덴의 한 사업가로부터 한국과 관련된 재미있는 이야기를 들은 적이 있다. 이 사람은 제품 샘플을 한국으로 보내기 위해 소포의 배송지에 "Seoul, Korea"라고 적었다. 그런데 Korea라는 국명을 본 우체국의 한 직원이 이 소포를 북한으로 보냈다. Seoul이라는 도시명이 적혀 있음에도 불구하고 Korea라면 무조건 북한이라고 생각했던 것이다. 소포가 북한으로 들어간 이후에는 추적도 불가했고 되돌려 받을 수도 없었다고 한다. 이 사업가는 그다음부터 한국으로 보내는 물품에는 무조건 "South Korea"라고 정확하게 기재를 했다고 한다.

그럼에도 불구하고 스웨덴에서 한국의 위상이 서서히 높아지고 있다고 느끼는 것은 현지에 진출한 우리 기업 덕분이다. 삼성전자, LG전자, 기아, 한국타이어, 넥센타이어 등 10여 개의 한국 기업이 스웨덴에 진출해 있다. 특히 기아는 스웨덴 시장에서 8% 안팎의 높은 점유율을 기록하며 볼보, 폭스바겐에 이어 3번째로 많이 팔리는 자동차 제조사가 되었다. 또한 눈이 많이 내리는 기후 탓에 일반 타이어 이외에도 겨울용 타이어가 필수적인 스웨덴에는 우리나라 타이어 업체도 두 개 회사가 진출해 있다.

코로나19
방역의 실패

국민을 상대로 한
러시안룰렛 게임

2021년 9월 15일 기준, 스웨덴에서 코로나19로 인한 누적 확진자 수는 114만여 명, 사망자 수는 1만5,000여 명으로 집계됐다.[20] 그러나 여기서 확진자 및 사망자 수는 증세가 뚜렷해 병원에 들어온 환자들을 검사하여 나온 결과로, 실제 감염자 수는 이보다 훨씬 더 많을 것이라고 추정된다. 세계에서 가장 이상적인 국가로 추앙받던 스웨덴이 어쩌다가 이 지경이 됐을까.

스웨덴 정부는 코로나19 발발 초기부터, 그리고 그 이후 확산세가 가팔라지는 순간에도 강도 높은 봉쇄 정책을 취하지 않았다. 2020년 12월 중순, 인구 천만 명의 소국에서 코로나19 누적 확진자가 37만 명에 육박하고 사망자가 8,000명에 이르자, 식당에서 테이블을 함께 사용할 수 있는 인원을 4명으로 제한하고, 저녁 8시 이후 주류 판매를 금지했다. 이것이 그동안 취한 대응 가운데 가장 강력한 조치였다.

코로나19바이러스의 확산을 막기 위해 봉쇄를 실시한 유럽 곳곳이 유령도시처럼 변하는 와중에도 스웨덴은 식당·카페·헬스장 등 다중이용시설의 문을 닫지 않은 채 평소와 다름없는 일상생활을 했다. 스웨덴 보건청의 방역 총괄책임자 안데르스 테그넬**Anders Tegnell** 박사는 봉쇄조치의 실효성에 의문을 가지고 있었다. 그래서 국민들에게 강제성을 띤 행정명령을 내리기보다는 개개인의 책임에 바탕을 둔 자발적 거리두기에 역점을 두었다. 대부분의 조치는 강제력이 없는 권고 형식이었다.

국민들은 대부분 정부의 권고에 적극 동참했다. 혼잡 시간대 교통량이 감소했고, 유동인구가 많은 도심지의 이동량도 확연히 줄었다. 그럼에도 불구하고 경계심을 풀고 감염 우려에 크게 개의치 않는 이들이 있었다. 몇몇 사람 때문에 다수의 노력이 허사로 돌아갔다.

보건청은 코로나19 발발 초기 한국과 마찬가지로 감염자 경로를 추적하고 역학조사를 실시했다. 그러나 2020년 3월 초중순 확진자가 200여 명을 돌파할 즈음, 장비 부족 등 검사역량이 한계에

도달하자 진단과 역학조사를 포기했다. 코로나19 감염검사는 의료진과 이미 코로나19 증세로 입원 중인 환자에 한해 제한적으로 실시됐다.

방역 총괄책임자 테그넬 박사는 코로나19 진단검사를 꼭 필요한 사람에 한해 실시하면 된다는 입장이었다. 또한 음성판정을 받더라도 그 이후에 감염이 될 수도 있기 때문에 한국과 같은 대량 검사는 인력의 낭비일 뿐이라고 생각했다. 봉쇄령을 내린 다른 유럽 국가에 대해서는 강한 조치가 경제적 충격과 국민들의 피로감을 불러올 것이라며 효율성이나 지속가능성 측면에서 스웨덴의 방역 시스템이 그보다 우월하다는 입장을 견지했다.

방치에 가까운 수준의 스웨덴 방역모델은 전 세계적으로 뜨거운 논란을 불렀다. 집단면역이란, 전체 인구 중 일정 수준 이상이 바이러스에 감염돼 면역력을 갖추게 되면 감염 확산 속도가 늦어진다는 이론에 기반한다. 정부 측에서는 집단면역 정책을 택했음을 공식적으로 인정하지 않았다. 그러나 스웨덴의 한 언론이 입수한 테그넬의 이메일 교신내역에는 그가 집단면역을 목표로 방역지침을 세운 것을 짐작케 하는 정황이 담겨 있다.

2020년 3월, 테그넬은 핀란드 보건복지부 방역 담당자인 미카 살미넨**Mika Salminen**에게 발송한 이메일에서 "건강한 사람들을 통제된 공간에 몰아 자연스레 바이러스에 감염시키자"고 제안했다. 그는 이러한 연장선상에서 "학교를 개방하면 집단면역에 더 빨리 도달할 수 있을 것"이라고 생각했다. 왜 스웨덴 정부가 중학교 이하의 학교는 온라인 수업을 하지 않고 정상 등교를 하도록 독려했는지를 짐작케 하는 대목이다. 사망위험이 낮은 건강하고 젊은 사람을 코로나19바이러스에 노출시켜 자연적으로 면역이 생기도록 만들겠다는 계획이었던 것이다.

테그넬의 제안에 대해 핀란드의 살미넨은 "핀란드도 학교 개방과 같은 방법을 고려하기는 했지만, 아이들을 전염병의 매개체로 만들 수 있다는 우려가 있었다. 그리고 학교를 폐쇄하면 노인감염률을 10%까지 감소시킬 수 있다는 조사 결과가 있다"고 답했다. 테그넬은 이에 대해 "(노인감염률 감소가) 10%라면 시도해볼 만하지 않을까?"라고 되물었다. 집단면역 상태에 더 빨리 도달할 수 있다면 노년층의 사망률이 높아지더라도 이를 감내할 만한 가치가 있다고 여겼던 것이다.[21]

집단면역 상태에 이르기 위해서는 인구의 60% 가량이 코로나19에 감염됐다가 바이러스에 대항하는 항체를 형성시켜야 한다. 테그넬은 2020년 5월 말에 이르면 스톡홀름 인구의 40%가 코로나19바이러스에 면역을 갖게 될 것이라고 예상했다. 그러나 정부가 일반 국민을 대상으로 코로나19 항체 생성 여부를 조사한 결과, 가장 심각한 피해를 입은 스톡홀름에서조차 항체보유율은 7%대에 불과한 것으로 나타났다.

스웨덴의 방역정책은 정밀한 계획 하에 감염 확산의 억제나 면역력 형성을 추구하는 것이 아니라 단순히 집단감염을 적극적으로 추구한 것에 가까웠다. 문제는 그 결과가 매우 가혹했다는 것이다. 기저질환자 중 많은 수가 위험한 상태에 빠지거나 목숨을 잃었으며 사망자의 90% 가량이 70세 이상 고령자였을 정도로 노인들의 피해가 컸다. 특히 요양원에서의 집단감염 상황은 매우 심각한 수준이었는데 코로나19로 인한 사망자 중 절반가량이 요양원에서 발생한 것으로 나타났다.

이들 확진자들의 주요 감염 경로는 요양원에서 근무하는 요양사들이었다. 일부 요양사들은 코로나19 감염증상이 있었음에도 정상 출근을 해 감염 규모를 확산시켰다. 또한 이들 중 상당수는 보건 당국의 검사역량 부족으로 코로나19 진단검사를 받지 못했으며, 보호장비의 부족으로 제대로 된 방호복을 착용하지 못했다. 일부 직원들은 진공청소기의 먼지봉투를 이용해 자체 제작한 마스크를 끼면서 일을 한 것으로 알려졌다.

정부는 할 수 있는 모든 방법을 동원해서 노인 감염을 막겠다고 발표했지만 실제로는 제대로 된 조치를 취하지 않았다. 외부인들의 요양원 방문을 금지시킨 것이 전부였다. 그래서 집단면역이라는 국가적 방역 전략을 위해 노인들을 희생시켰다는 비판이 끊이지 않았다. 물론 집단면역이라는 선택은 의료 역량의 한계 때문에 대량검사, 추적검사와 같은 강력한 조치를 취하는 것이 현실적으로 불가능한 상황에서 내려진 불가피한 결정이었을지 모른다. 그러나 끝까지 마스크 착용을 강제하지 않았던 정부의 오판과 부적절한 대처에는 변명의 여지가 없다.

보건당국은 코로나19 발발 초기부터 국민들에게 마스크를 쓰지 않을 것을 적극 권고했다. 마스크 착용이 공포감을 조성할 수 있고, 마스크를 잘못 사용할 경우 오히려 감염의 위험이 더 커진다는 이유에서였다. 감염병 환자 치료를 위해 최전선에서 활동하는 의료진에도 마스크 착용을 하지 않아도 된다고 권고했고 건강한 아이들은 굳이 집에 있을 필요 없이 밖에서 놀아도 괜찮다는 지침을 내렸다. 정부는 전염병 확산을 억제하는 것보다 전염에 대한 사람들의 지나친 우려를 수습하는 것에 초점을 두었다.

언론을 통해서도 건강한 사람은 마스크를 착용할 필요가 없다거나, 마스크를 써도 코로나19 확산을 막는다는 증거가 없다는 주장이 반복됐다. 마스크 착용을 강력하게 주장하던 의사들은 질책을 당하거나 병원에서 해고당했다.[22] 첫 확진자가 나온 지 며칠 되지 않은 2월 초에 이미 마스크와 손 세정제가 동이 났지만 정부는 사태 해결을 위한 적극적인 노력을 취하지 않았다.

실제로 스웨덴의 길거리를 다니다 보면 마스크를 쓴 사람을 찾아보기 어려웠다고 한다. 유별나 보이지 않으려는 소심하고 수줍은 스웨덴 사람들의 성격과 마스크 착용에 대한 부정적인 인식 때문이었다. 스웨덴에 거주하고 있는 내 지인은 마스크를 쓰고 밖에 나갈 때마다 따가운 눈총을 받거나 모욕을 당했다고 했다. 결국 정부가 마스크 착용을 권고한 것은 첫 번째 확진자가 나온 지 1년이 지나서였다. 그것도 강제가 아닌 권고 형태로, 혼잡 시간대에 대중교통을 이용하는 경우에 한해 적용됐다. 2020년 겨울 이후 코로나19바이러스의 확산세가 걷잡을 수 없을 정도로 가팔라진 이후에야 거리에 마스크 착용자가 간간이 등장하기 시작했다.

그간 국제사회에서 스웨덴의 이미지는 가장 닮고 싶은 나라, 가장 복지가 발달된 나라, 그리고 국민이 가장 행복한 나라였다. 그러나 코로나19 사태로 인한 방역정책이 실패로 돌아가면서 그 이미지에 생채기가 났다. 방역과 검사를 포기한 스웨덴의 정책 실험은 자극적인 논란을 쫓는 언론의 좋은 먹잇감이 됐고, 국민의 목숨을 담보로 러시안룰렛을 한 것이 아니냐는 비판까지 쏟아졌다. 정부는 국민들의 생명을 지켜주지 못했다. 오판과 부적절한 대처로 정부의 가장 기본적인 책무조차 다하지 못했다. 그리고 결국 이 과정에서 국민이 피해를 입었다.

정부의 무책임한 방관이
코로나19 사태를 키우다

스웨덴의 방역 정책을 비판하는 목소리가 연일 높아지는 가운데서도, 정부는 잘못을 인정하지 않았다. 사회적 거리두기의 강도에 다소 차이를 두기는 했지만 큰 틀에서의 정책 방향성은 흔들리지 않고 일관되었다. 방역 당국은 전면 봉쇄나 국경 폐쇄가 과학적인 근거가 없다는 입장을 유지했다.

집단면역 정책을 강하게 비판했던 의학자들도, 집단면역을 통한 코로나19 대응방식이 매우 비윤리적이며 절대로 선택사항이 되어서는 안 된다고 강조했던 세계보건기구**WHO** 테워드로스 아드하놈**Tedros Adhanom** 사무총장도 스웨덴 정부의 고집을 꺾는 것에는 실패했다.

스웨덴 정부는 다른 나라의 연구 결과나 정책 방향에 대해 동의하지 않았다. 국가별로 의료시스템이나 검역 역량에 차이가 있어 정책의 방향성과 원칙이 달라질 수밖에 없다는 입장이었다. 그러나 정작 자신들이 채택한 집단면역이라는 방역정책에 있어서 전염 속도를 어느 정도로 늦춰주는지, 다른 방법과 비교해 어느 정도의 효과가 있는지를 국민들 앞에 설득력 있게 제시하지 못했다.

또한 진정성 있는 반성 대신 변명과 회피에만 급급했다. 요양원에서 발생한 집단감염 사태에 대해서는 정부 지침을 제대로 이행하지 못한 지방자치단체와 자질 없이 경솔하게 행동한 요양사들 탓으로 돌렸다. 이민자가 많은 지역에서 코로나19로 인한 사망자가 속출한 것에 대해서는 이들이 스웨덴어를 할 줄 몰라 방역 지침을 숙지하지 못했기 때문이라는 입장을 발표했다. 확진자 수가 급증할 때는 검사 건수가 늘었기 때문이라는 무책임한 변명을 늘어놓았다.

제대로 된 방역 매뉴얼과 근본적인 대책 역시 마련되지 않았다. 방역대책은 중앙정부가 아닌 지방자치단체의 결정에 맡겼으며, 이마저도 서로 간의 소통이 원활하지 않아 어려움을 겪었다. 모두의 의견을 공평하게 듣고 중간 지점에서 조율하는 스웨덴 식의 의사결정 방법이 팬데믹과 같은 위급상황에서 적합하지 않은 면도 있다. 빠른 대처로 감염 상황을 늦춰야 할 순간에 합의점을 찾느라 시간을 보내면 골든타임을 놓칠 수 있다.

한편 정부 고위인사들이 방역지침을 지키지 않은 채 '내로남불' 식 부적절한 처신을 한 것이 밝혀져 호된 비판에 휩싸이기도 했다. 뢰벤 총리는 2020년 11월 말, 국민들을 대상으로 블랙프라이데이와 크리스마스를 맞아 사람이 붐비는 곳을 피할 것을 부탁했으나, 그로부터 이틀 뒤 보디가드를 대동한 채 시내의 한 쇼핑몰에서 물건을 고르고 있는 모습이 발각돼 논란에 휩싸였다. 언론 보도에 따르면 총리가 쇼핑몰을 방문한 것은 이번뿐만이 아니었다.

안데르손 재무장관은 스키 리조트를 방문했고, 요한손 법무장관 역시 연말을 맞아 쇼핑을 했으며, 한 지방자치단체의 부국장은 2020년 3월 말 코로나19 대책에 관한 회의를 마친 후 태국으로 여행을 떠난 것이 드러나 경질됐다. 재난방재청 엘리아손 청장은 국민들에게 불필요한 여행을 자제하라는 권고를 내린 직후 대서양의 카나리아섬으로 크리스마스 휴가를 떠났다. 비난이 거세지자 그는 사퇴했다.

코로나19,
첫 발발부터 지금까지[23]

2020년 1월 31일, 스웨덴에서 첫 번째 코로나19 확진자가 발생했다. 코로나19의 발원지인 중국 후베이성을 방문했다 스웨덴으로 귀국한 지 일주일 만에 양성 판정을 받은 한 여성이었다. 그러나 이미 전년도 12월에 후베이성 방문자와 접촉한 이후 호흡기 증상을 보인 환자들이 병원에서 치료를 받았던 것으로 확인돼, 코로나19바이러스는 그동안 알려진 것보다 훨씬 더 일찍, 더 널리 스웨덴에서 확산되고 있었다는 주장이 제기됐다.

이후 2월 말까지 한 달여간은 확진자가 뜨문뜨문 나오면서 안정세를 유지했다. 그리고 초·중·고교에서는 학생들의 동계스포츠 체험을 위한 일주일간의 짧은 방학이 시작됐다. 해외여행을 자제해야 하는지에 대한 문의가 잇따르자, 보건 당국은 "해외여행을 취소할 필요가 없다"는 입장을 밝혔다. 2월 말에서 3월 초까지 전체 인구의 10%에 해당하는 스웨덴 가족단위 여행객들이 방학을 맞아 해외로 나간 것으로 확인됐다. 그리고 이 중 상당수가 당시 코로나19 확산세가 폭발적으로 번졌던 이탈리아 북부로 스키여행을 떠난 것으로 알려졌다.

해외에서 돌아온 이들이 자가격리 조치에 대해 문의하자, 당국은 역시 걱정할 필요가 없다는 입장을 유지했다.[24] 그러나 얼마 지나지 않아 여행을 다녀온 사람들 중 다수가 감염의심 증세를 호소하더니 스웨덴 전역에 코로나19 감염자가 폭증하기 시작했다. 3월 중순이 되자 일일 확진자 수가 100명을 넘겼다.

3월 11일, 스웨덴에서 코로나19로 인한 첫 사망자가 발생했다. 바로 그날, 보건청은 일반 국민들을 대상으로 한 코로나19 진단검사를 전면 중단하겠다는 결정을 내렸다. 확진자가 발생한 국가를 방문한 사람도, 기침 등 이상 증세를 느끼는 사람도 예외가 될 수 없었다. 다만 의료진들과 코로나19 감염증세로 현재 입원 치료 중인 환자들을 대상으로는 제한적으로 검사를 실시키로 했다. 정부는 한국식 대량 검사에 대해 '불필요하다'는 입장을 표명했다.

이날 공식적으로 발표된 확진자 수는 196명이었다. 보건청은 코로나19 진단검사가 제한적으로 시행됐던 점을 이유로 관련 통계에 더 이상 큰 의미를 둘 수 없으며, 공식 확진자 수는 빙산의 일각일 수 있다고 발표했다. 또한 향후 확진자 수의 정확한 집계보다는 지역 확산을 방지하는 것에 당국의 역량을 집중하겠다는 계획을 밝혔다.

3월 중순에 접어들자 확진자 수가 의료대응 역량을 넘어섰다. 보건청은 확진자가 집중된 스톡홀름 지역의 병원들을 대상으로 80세 이상이거나 체질량지수body mass index가 40 이상인 환자는 집중치료실로 옮기지 말도록 지시했다. 고령자나 비만인 사람들은 치료를 받더라도 회복할 수 있는 확률이 낮다는 것이 그 이유였다.

스톡홀름 전역에 코로나19 환자를 위해 쓸 수 있는 집중치료실이 88개에 불과한 현실을 감안할 때 성공 가능성이 높은 환자부터 살리겠다는 뜻이었다.

동시에 정부는 건강한 20대들의 경우 바이러스가 몸속에 침투해도 이를 이겨낼 수 있는 저항력이 있기 때문에, 검사를 받지 않고도 코로나19를 이겨낼 수 있다고 설명했다. 그래서 코로나19 의심 증상이 있으면 응급실로 바로 달려가기보다는 콜센터로 전화를 한 후 상담원의 지시를 따르고 자가격리를 해달라는 대응방침을 발표했다. 그러나 코로나19로 인한 합병증을 겪기에는 너무 '어리다'는 이유로 응급실에서 진료를 거부당한 젊은이가 결국 사망한 사건이 언론을 통해 보도되자 젊은 층을 중심으로 정부의 방역지침에 대한 불만이 조성되기 시작했다.

한편 정부는 코로나19 중환자를 위한 병상 확보를 위해 생사를 넘나드는 위급환자가 아닌 경우 수술 날짜를 취소하거나 연기하도록 특별지침을 내렸다. 2020년 3월, 스톡홀름 내 병원에서 계획된 수술의 90% 가까이가 취소되거나 연기됐는데, 이 중에는 암 수술까지 포함됐던 것으로 알려졌다.

3월 18일, 고등학교 이상 교육기관의 수업이 원격으로 전환됐다. 그러나 유치원과 초등학교, 중학교에서는 등교수업이 계속됐다. 정부는 이 조치를 두고 어린 자녀를 둔 맞벌이 부부가 자녀 돌봄을 이유로 회사에 나가지 못할 경우 경제적 손실이 생길 수 있기 때문이라고 설명했다. 이에 따라 확진자의 가족이거나 확진자와 접촉한 아이들이더라도 특별한 의심증상이 없다면 학교에 정상적으로 등교했다.

3월 27일 정부는 50인 이상 집합을 금지했고 31일에는 확진자가 폭증세를 보이고 있던 요양원으로의 외부인 방문을 금지했다. 그리고 같은 날, 코로나19바이러스와 사투를 벌이고 있는 의료진에 대해 안면보호장비를 할 경우에는 마스크 착용을 하지 않아도 되고, 보호복은 반팔이어도 괜찮다는 지침을 발표했다. 당시 확진자 수는 코로나19 검사가 중증환자 등을 위주로 선별적으로만 진행되었음에도 불구하고 전일 대비 500명 이상의 폭증세를 기록하고 있었다.

4월 5일, 스웨덴 보건청의 방역 총괄책임자이자 집단면역 전략을 설계한 장본인인 안데르스 테그넬 박사가 유럽질병예방 및 통제센터ECDC 측으로 항의성 이메일을 보냈다. 이 센터가 공공장소에서 마스크를 착용하는 것이 코로나19바이러스의 전파속도를 늦출 수 있다고 발표했기 때문이다. 테그넬 박사는 "(마스크 착용에 대한) 권고에 경고를 보내고 싶다. … 무증상자에 의한 전파에 대해서는 아직 결론을 내리기 어렵다. 이 권고는 코로나19바이러스가 공기를 통해 감염airborne될 수 있다는 의미로 받아들여져 국민들과 의료관계자들 간의 소통과 신뢰에 악영향을 줄 수 있다"[25]고 썼다.

그는 스웨덴의 확진자 및 사망자 수치가 급격하게 증가하는 상황에서도 단순히 이 데이터만을 기반으로 보건당국의 대응방식을 비난하는 것은 옳지 않다고 주장했다. 그리고 정부의 방역대책이 단기적으로는 확진자를 많이 발생시킬 수 있지만 장기적으로는 전면 폐쇄 정책을 펼치고 있는 국가들에 비해 오히려 더 나은 결과를 가져올 것이기에 방역전략에 대한 평가를 현 시점에서 내리기에는 아직 이르다고 주장했다. 코로나19바이러스와의 싸움이 장기전에 돌입한 만큼 긴 호흡으로 의연하게 기다려야 한다는 것이 그의 생각이었다.

한편 4월 중순 스톡홀름 소재 요양원에서 일하고 있는 직원들을 대상으로 코로나19 검사를 실시한 결과, 검사자의 15%가 양성 반응을 보였으나 확진자 대부분은 증상이 없어 요양원에 정상적으로 출근해 업무를 봤던 것으로 나타났다. 요양원에서 집단감염이 발생한 것에는 이들 직원들이 가장 유력한 감염 경로였던 것으로 추정됐다.

4월 22일, 보건청은 무작위로 샘플링하여 코로나19 검사를 실시한 결과를 토대로 5월 초가 되면 스톡홀름 인구 100만 명 중 1/3이 코로나19바이러스에 감염될 것이라고 예측했다. 보건청은 그러나, 아직 코로나19바이러스에 걸리지 않은 나머지 2/3에 대해서도 여전히 추후 감염 가능성이 있다고 밝혔다.[26]

5월 7일, 정부는 주주들에게 배당을 실시한 기업들을 대상으로 코로나19 재난지원패키지를 지급하지 않기로 결정했다. 발렌베리가문 산하의 대표적인 기업 SKF는 경영상황이 어렵다는 이유로 구조조정을 실시하는 동시에 주주들에게는 1,690억 원(13억 크로나)을 배당으로 지급하고, 52억 원(4,000만 크로나)에 달하는 정부지원패키지를 신청했다. 경영진과 주주들만 이익을 챙긴 것이 아니냐는 논란이 일자 SKF 측은 서둘러 신청을 취소했다.[27] 정부는 해당 기업들에 대한 지원을 중단하고 이미 지급한 지원금에 대해서는 환수조치할 계획이라고 밝혔다.

5월 20일, 영국의 데이터 사이트 '아워 월드 인 데이터Our World in Data'는 최근 일주일간 인구 100만 명당 사망자 수에서 스웨덴이 6.08명으로 세계 1위를 기록했다고 밝혔다. 2위는 영국(5.57명)이었다. 스웨덴 보건청은 결과에 대해 유감을 표명하고 국가별로 통계를 산출하는 방식이 다르기 때문에 일률적인 비교는 적합하지 않다는 의견을 밝혔다.

6월 12일, 확진자 수는 전일 대비 1,396명이 증가했다. 보건청은 이와 같은 급증세에 대해 검사 건수의 증가 때문이라고 설명했다. 5월까지만 해도 검사자 수는 한 주에 3만 명 수준에 불과했는데 6월 들어 검사 건수를 이보다 늘렸다는 것이다. 2020년 상반기 스웨덴의 사망자 수는 150년 만에 최다 수준을 기록했는데, 상반기 사망자 수는 지난 5년간의 평균 사망자 수보다 10% 가량이 높았으며, 코로나19로 인해 숨진 사람은 4,500명 정도로 추산됐다. 특히 사망자 중 상당수가 요양원에서 거주하던 고령자였을 정도로 노인들의 희생이 컸던 것으로 나타났다. 또한 코로나19로 인해 6월까지 18만 건의 수술이 연기되거나 취소되어 환자들이 불안을 호소하고 있는 것으로 확인됐다. 보건청은 가을 이후에도 수술 연기가 더 늘어날 것으로 보인다고 밝혔다.

7월 13일, 코로나19바이러스에 감염된 의료인이 모두 1만 300명에 달하는 것으로 확인됐다. 이들 중 상당수는 코로나19 증세를 심각하게 겪었거나, 이로 인해 사망한 것으로 나타났다. 그러나 정부는 코로나19로 인한 의료진 사망자 수가 어느 정도인지 집계하지 못했다. 관련 통계가 직업별 범주로는 분류되지 않았기 때문이다.

의료진들은 제대로 된 보호장비를 갖추지 않고 환자를 돌보다가 진료과정 중에 직접 감염된 경우가 많았던 것으로 확인됐다. 정부는 코로나19 환자를 돌보는 의료진에게도 마스크를 착용할 필요가 없다고 주장하며 보호장비를 지급하지 않았다. 한 의료인은 TV 인터뷰에서 장갑과 마스크 등 기본적인 보호장비를 지급하지 않는 정부에 항의하며 보호복 대신 사용할 비닐 우비를 자비로 구입했다고 밝혔다.

본격 휴가철인 8월에 접어들자 감염 확산세가 소강상태에 접어들었다. 6월에 1,000명대를 기록하던 일일 확진자 수는 8월 들어 200~300명대로 떨어졌다. 같은 기간 유럽 전역의 신규 확진자 수가 1만~2만 명 내외 수준으로 폭발적 증가세를 기록했다는 점을 감안할 때 이는 놀라운 수치였다. 이를 두고 집단면역이라는 방역에 대한 스웨덴식의 접근법이 성과를 냈다는 의견과, 몇 달 사이 확진자가 감소했다는 통계만으로 스웨덴 방역 지침의 효과를 논의하기에는 아직 이르다는 의견이 팽팽하게 맞섰다.

9월 2일, 정부는 코로나19 감염의심 증상을 보이는 학생들은 검사를 받으라고 권고했다. 그러나 자녀들이 양성 반응이 나오더라도 발열, 기침 등 관련 증상이 없다면 부모들은 직장에 정상적으로 출근할 수 있도록 했다. 보건당국은 무증상 감염은 과학적인 근거가 없다며 무증상자에 의한 감염 가능성을 부인했다. 그래서 가족, 친구, 직장동료 중에 확진자가 있더라도 증상이 없으면 자가격리를 실시하지 않았다.

9월 14일, 보건청은 주말과 월요일에 수집한 데이터가 통계시스템에 제대로 반영되지 못한 까닭에 그동안 일부 통계치에 오류가 있었음을 인정했다. 그리고 정확한 통계 산출을 위해 앞으로 매주 화요일부터 금요일까지, 주 4회만 통계 발표를 하겠다는 방침을 밝혔다.

10월 1일, 보건청은 가족 중에 확진자가 있다면 증상이 없더라도 7일간의 격리기간을 지킬 것을 권고했다. 그러나 중학생 이하의 학생들은 확진자 가족이 있더라도 여전히 등교가 가능했다.

그동안 스웨덴 정부는 상점의 영업금지나 이동제한령을 실시하지 않았다. 정부 차원의 방역 규제는 50인 이상 모임을 금지하고 고등학교와 대학교에 한해 온라인 수업으로 전환한 것 정도가 전부였다. 그러나 10월 말 일일 확진자 수가 4,000여 명에 달하는 등 폭증세를 보이자 뒤늦게 방역 수위를 상향 조정했다. 11월 3일, 카페와 레스토랑에서 한 테이블에 8명까지만 앉을 수 있고 테이블 간 거리는 1미터로 유지토록 하는 지침이 발표됐다.

11월 9일, 스톡홀름 주민 4만2,000명을 대상으로 코로나19 검사를 실시한 결과 검사 건수 대비 확진자를 나타내는 양성률이 20.3%를 기록했다. 2차 확산 징후가 뚜렷이 나타났다.

11월 26일, 칼 필립 왕자와 그의 부인 소피아 왕자비가 양성 판정을 받았다. 12월 1일, 확진자 가족은 무증상이더라도 유아와 중학생 이하의 청소년까지 7일간 자택에서 격리할 것이 권고됐다.

12월 17일 구스타프 16세 국왕은 국민들에게 보내는 크리스마스 메시지에서 방역의 실패를 인정하고, "사망자가 너무 많아 안타깝다"는 심경을 밝혔다. 그의 아들인 칼 필립 왕자 부부도 양성 판정을 받고 격리 치료 중에 있던 터였다. 이즈음 스웨덴 내에서 코로나19로 인한 확진자 수는 3만5,000명, 사망자수는 7,800명에 달하는 것으로 집계됐다. 물론 진단키트와 검사역량의 부족으로 통계에서 누락된 환자가 많다는 것을 감안하면 실제 감염자는 공식 수치보다 훨씬 더 많을 것으로 추정됐다.

12월 18일, 식당에서 테이블을 함께 사용할 수 있는 인원이 기존 8명에서 4명으로 하향 조정됐다. 체육관, 도서관 등 공공시설도

24일까지 문을 닫았다.

12월 23일, 일일 확진자 수는 1만1,379명으로 첫 확진자 발생 이후 역대 최대 기록을 경신했다.

2021년 1월 7일, 마스크 착용에 대한 정부의 권고가 처음으로 내려졌다. 다만 마스크 착용은 출퇴근 혼잡 시간대에 대중교통을 이용할 경우에 한해 권장됐다.

2월 27일, 스톡홀름시는 대중교통 이용 시 혼잡 시간대가 아니더라도 마스크를 상시 착용할 것을 권고했다. 여전히 마스크 착용을 강제하지는 않았다.

3월 9일, 보건청은 기자회견을 열고 코로나19로 인한 누적 확진자 수가 총 69만5,975명, 사망자 수는 1만3,042명으로 집계됐다고 밝혔다. 1차 백신 접종자 수는 67만 명을 넘어섰다. 한편 영국과 브라질, 남아공발 변이바이러스 확산세가 커지는 가운데 3차 대확산이 시작됐다.

3월 11일, 스웨덴 왕위 계승 1순위인 빅토리아 왕세녀 부부가 코로나19 양성 판정을 받았다.

9월 29일, 확진자 수는 여전히 일 1,000명대를 기록하고 있었지만 정부는 대부분의 방역 조치를 해제하기로 결정했다. 정부의 방역 지침은 이제 팬데믹 이전의 일상을 되찾는 방향으로 초점이 옮겨진 것이다. 1회 접종을 마친 비율이 82%에 달하는 등 높은 백신 접종률도 정부의 이러한 결정에 한 몫을 했다. 이 같은 스웨덴 정부의 방역 완화가 앞으로 어떤 결과를 가져올지는 좀 더 지켜봐야 할 것이다.

무상의료 국가에서
코로나19 사망률이 더 높았던 이유

미국과 유럽 등 그간 선망의 대상이었던 선진국들은 코로나19와 같은 예상치 못한 팬데믹을 맞아 무기력한 모습을 보였다. 코로나 19 확진자 수와 사망자 수에 있어 한국, 대만과 같은 아시아 국가들에 비해 압도적인 수치를 기록했을 뿐 아니라 국가적 위급상황에 놓였을 때의 대응력이나 사회안전망 구축과 같은 국가의 역량에 한계를 보였고, 특히 공공의료시스템에 있어 허점을 고스란히 드러냈다는 평가를 받았다.

스웨덴 역시 의료 역량이 임계치를 넘긴 상황에서 의료시스템이 붕괴되는 참혹한 현실을 맞았다. 2018년 기준, 스웨덴 인구 1,000명당 병원 병상 수는 2.1개로 OECD 국가 중 최하위 그룹에 속해 있다. 이는 칠레(2.1개)와 동일한 수준으로, 일본(13개)이나 한국(12.4개)에 비해 훨씬 낮은 수준이다. 또한 코로나19바이러스의 발발 초기만 하더라도 스웨덴 전역의 병원 집중치료실intensive care unit 병상 수는 500여 개에 불과했다.

사태 초기부터 코로나19바이러스 검사와 역학조사를 포기한 것 역시 한정된 의료자원 때문이었다. 코로나19 감염검사는 의료기관과 집단감염이 발생한 요양원 위주로 실시되었으며, 일반인들은 확진자와 접촉했거나 코로나19 증상을 보이더라도 검사를 받을 수 없는 경우가 많았다. 스웨덴에 거주하는 내 지인도 검사를 하지 않아 확신할 수는 없지만 비슷한 증상을 겪었으니 코로나19에 감염이 됐을 것으로 추측하고 있었다. 그는 병원에 갈 수도 없어 집에서 해열제를 먹으면서 이겨냈다고 했다. 방역당국 역시 건강한 사람은 스스로 바이러스를 극복할 수 있다는 입장이었다. 그래서 한정된 의료 자원의 효율적인 배분을 위해 검사와 치료는 중증 고위험군 환자를 위주로 제공됐다.

그러나 고위험군 환자라고 해서 제대로 된 치료를 받을 수 있던 것도 아니었다. 스웨덴의 한 단체가 실시한 조사에 따르면 2020년 3~6월 사이 코로나19바이러스에 확진된 요양원 환자 중 20%는 의료진의 진료를 받지 못했고, 이들 중 40%는 간호사의 치료마저 받은 적이 없었다. 의료진의 진료를 받은 이들 중에서도 대면진료를 받았다는 응답자는 10%에 불과했고 나머지는 비대면 전화 진료를 받은 것으로 알려졌다.[28]

심지어 보건당국이 생존 가능성이 낮은 노인들을 받지 말라고 병원에 지시했다는 충격적인 증언도 나왔다.[29] 2주 이상 산소호흡기 치료를 받아야 하는 고령의 중증환자들은 여유 병상이 확보되

스웨덴의 연령별 코로나19 집중치료비율 및 사망률(2020년 5월 15일 기준)

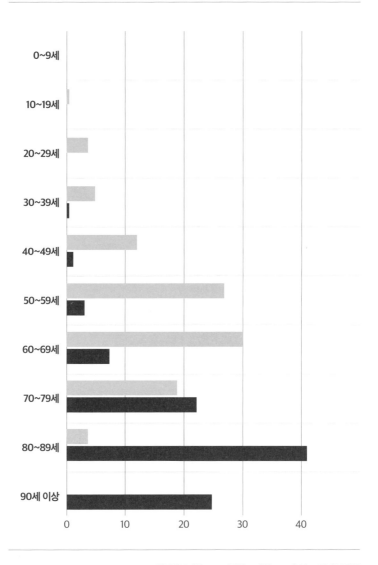

집중치료비율 ■ 사망률 단위: % 출처: 스웨덴 보건청

어 있는 상태에서도 집중치료실로 옮겨지지 못했다. 병상이 다 차면 생존 가능성이 높은 환자가 무작정 대기해야 한다는 것이 그 이유였다. 코로나19 사망자들을 연령대로 비교해보면 70대가 22%, 80대가 41%, 90대가 25%로 고령층의 치사율이 매우 높다는 것이 확인되는데, 코로나19 감염증세로 인해 병원에서 집중치료를 받은 환자들의 연령대는 60대가 30%, 50대가 27%로 대부분을 차지하고 80대 이상은 찾아보기 어려웠다. 특히 90대 이상은 조사 기간 중 아무도 집중치료를 받지 못했던 것으로 나타났다.[30]

스웨덴은 국가의료보험제도를 통해 무상에 가까운 의료서비스를 제공한다. 그러나 대기기간이 매우 긴 까닭에 의사를 만나기란 쉽지 않다. 독감에 걸린 정도로는 병원에 갈 수도 없다. 최첨단 의료장비 또한 기대하기 어렵고 의료서비스의 질 또한 높지 않다. 병원은 소수의 중증환자 위주로 진료하는 곳이기에, 많은 환자를 동시에 받을 수 있을 정도의 자원과 시스템이 구비되어 있지 않다.

이는 스웨덴뿐 아니라 보편적 의료 체계를 갖춘 다른 서구 선진국에서도 공통적으로 나타나는 문제다. 무상 또는 무상에 가까운 의료서비스를 제공하는 의료체계 하에서는 의료비가 정부의 예산으로 운영되기 때문에, 재정상황에 따라, 정책 기조에 따라 관련 예산이 수시로 변한다. 그 결과 의료 환경이 열악해지고, 인프라 접근성이 떨어지게 된다. 코로나19 팬데믹 상황 아래 보편적 의료제도를 두고 있는 영국, 이탈리아, 스페인, 스웨덴, 포르투갈과 같은 나라 국민들의 사망률이 매우 높았던 사실이 이를 증명한다.

 문재인 정부는 출범 초기부터 공공의료 강화에 큰 의지를 보였다. 건강보험 보장성을 강화하는 '문재인 케어'는 스웨덴과 같은 보편적 의료국가를 벤치마킹했을 가능성이 높다. 그렇다면 현재 스웨덴 의료시스템이 코로나19 사태를 맞아 붕괴 직전의 상황에 처해 있다는 사실은 우리에게도 시사하는 바가 있을 것이다.

부자 나라의
가난한 국민들

가난한 국민들

전 세계에서 빅맥 햄버거가
세 번째로 비싼 나라

국제 거래에 제약이 없다고 가정해보자. 품질과 가치가 동일한 재화는 어디서 팔리든 가격이 동일하게 매겨져야 한다. 그럼에도 불구하고 그 재화가 더 비싸게 혹은 더 싸게 팔리는 지역이 있다면 그곳의 물가가 각각 높거나 낮다는 뜻이다. 이런 점에 착안해 영국의 경제전문지 이코노미스트는 '빅맥지수'를 고안해냈다.

맥도날드의 빅맥 햄버거는 전 세계 거의 모든 나라에서 팔리는 동일한 품질의 재화다. 따라서 빅맥 햄버거의 나라별 가격을 비교해보면 그 나라의 물가 수준을 가늠할 수 있다. 또한 두 나라 빅맥 햄버거 가격의 비교를 통해 환율의 적정 수준도 파악할 수 있다.

2020년 기준 미국과 한국의 빅맥 햄버거 가격은 각각 5.71달러와 4,500원이다. 미국과 한국에서 팔리는 빅맥 햄버거는 동일한 재화이니 그 가격인 5.71달러와 4,500원은 이론상 가치가 같아야 한다. 즉 원달러 환율이 한국 빅맥 가격을 미국의 빅맥 가격으로 나눈 값인 788.09원/달러가 되어야 한다. 그러나 측정 당시 실제 환율은 1달러에 1,200.95원이다. 빅맥 가격으로 추정한 환율(788.09원/달러)에 비해 원화가 35%나 평가절하되어 있는 셈이다. 이는 그만큼 미국에 비해 한국에서 같은 물건을 저렴하게 구입할 수 있다는 뜻이 된다.

스웨덴에서는 빅맥 햄버거가 5.8달러에 팔리고 있다. 전 세계에서 세 번째로 비싼 가격이다.[1] 스웨덴과 같이 빅맥지수가 높은 나라에서는 낮은 나라들에 비해 같은 물건이 비싸게 판매되므로 물가가 그만큼 높다는 뜻이 된다. 한국에서 3.75달러에 팔리는 물건이 미국에서는 5.71달러, 스웨덴에서는 5.76달러에 팔리고 있다면 어느 나라의 물가가 높고 낮은지 쉽게 구분할 수 있을 것이다.

다만 빅맥지수는 각국의 경제여건이나 서비스 비용 등 다양한 가격결정 요인들을 반영하고 있지 않은 까닭에 정확한 물가 수준을 측정하는 지표라고 볼 수 없다. 대략적인 물가수준을 파악하는 정도로 유용하게 사용할 수 있을 뿐이다.

국가별 빅맥지수(2020년)

순위	국가	빅맥가격		달러대비 저평가(-) 고평가(+)
		현지가격	달러환산가격	
1	스위스	6.5프랑	$6.91	20.9%
2	레바논	9,000파운드	$5.95	4.2%
3	스웨덴	52.6크로나	$5.76	0.8%
4	미국	$5.71	$5.71	기준
		...		
20	한국	4,500원	$3.75	-34.4%
		...		
25	일본	390엔	$3.7	-36.3%

출처: 이코노미스트

이코노미스트 산하의 경제분석기관 EIU은 격년으로 전 세계 주요도시의 식품·의류·주거·교통·학비 등 160여 개 상품 가격을 비교 분석한 자료를 발표한다. 2019년 보고서에 따르면 전 세계 133개 도시 중 서울은 생활비가 비싼 순위로 일곱 번째를 기록했다. 빵, 남성정장, 맥주·와인 등의 생필품 가격이 비싸다는 사실이 서울의 물가순위 상승에 영향을 미쳤다.

반면 스톡홀름의 물가는 전 세계 중간 정도인 56위를 기록했다.

이는 지난 조사의 19위에서 크게 하락한 순위다. 이 보고서를 기준으로 한다면 서울은 뉴욕, 코펜하겐과 물가수준이 동일하며, 스톡홀름보다 훨씬 비싼 도시다. 그러나 과연 이 결과에 수긍할 수 있는 사람이 있을까?

연구기관에서 조사된 물가수준과 체감으로 느끼는 물가 사이에는 간극이 생길 수밖에 없다. 물가를 측정하기 위해 조사하는 품목 중 소비자들이 실제로 구매하는 제품은 일부에 불과하기 때문이다. 또한 특정 품목이 생활에서 차지하는 중요도가 국가에 따라 다를 수 있다. 한국에서 빵은 식사보다는 디저트로 소비되고 있기에 가격이 비싸지만, 주식을 빵으로 삼는 국가에서는 당연히 그 가격이 저렴하다. 이처럼 국가별로 다른 생활습관을 무시한 채 동일한 잣대를 적용할 경우 결과에 왜곡이 생길 수밖에 없다.

빅맥지수에서 스웨덴은 세계 3위 수준의 살인적 물가를 자랑했지만, EIU의 물가 순위에서는 중간 순위를 기록했다. 이렇게 서로 다른 결과를 보면 스웨덴의 물가가 높은 것인지 낮은 것인지 혼란스러울 수밖에 없다. 한 가지 분명한 사실은, 조사기관에서 제시하는 물가와 생활비 데이터보다는 그곳에 사는 사람들이 피부로 느끼는 체감 물가가 더 정확할 것이라는 점이다.

스웨덴의 실제 물가,
얼마나 비쌀까

스웨덴에서 물건이나 서비스를 살 때 내는 부가가치세는 무려 25%나 된다. 스웨덴의 비싼 물가에 직접적인 원인이 되는 것이 바로 이 부가가치세다. 관세, 물류비 등 가격에 미칠 수 있는 다른 요인을 배제했을 때, 원가가 100인 제품의 가격은 부가가치세가 10%인 한국에서는 110, 그리고 스웨덴에서는 125가 된다. 그래서 스웨덴에서는 같은 품목일지라도 다른 국가들에 비해 다소 비싸게 가격이 형성되어 있는 경우가 많다.

외식비 역시 비싸다. 동네의 평범한 식당이라고 하더라도 최소 2만6,000~3만9,000원(200~300크로나) 이상은 지불해야 한다. 비싼 인건비와 서비스 요금이 음식값에 반영된 탓이다. 그래서 가정에서 요리를 하지 않고 배달음식이나 외식만으로 끼니를 해결하는 사람은 거의 없다. 더러 외식하고 싶으면 음식을 사 먹기도 하지만 대부분 집에서 식사를 하는 편이다.

한 조사 결과에 따르면 스웨덴 사람들이 한 달 동안 저녁에 외식하는 횟수는 대부분 0~3회 정도인 것으로 나타났다. 35%의 응답자들이 한 달에 1회 미만으로 저녁 외식을 한다고 답했고, 1회 또는 2~3회라고 응답한 경우는 각각 21%였다. 저녁을 매일 외식하는 경우는 응답자 중 한 명도 없었다.[2]

그러나 먹고살기 비싼 스웨덴에서도 의외로 평일 점심값은 합리적이다. 메인 메뉴에 식전 빵, 샐러드, 커피나 차가 포함된 가격이 1만 3,000원(100크로나) 안팎이다. 직장인들의 점심만큼은 누구나 부담 없이 먹을 수 있도록 가격을 낮춰야 한다는 스웨덴 특유의 평등사상에서 나온 문화다. 이와 동시에 집에서 가져온 도시락으로 점심을 해결하는 사람도 많다. 특정 음식에 알레르기가 있어 외식이 어렵다거나 점심값 지출을 줄이려 노력하는 경우다.

스웨덴에서는 술 가격도 비싸다. 알코올 도수 40도 기준 보드카의 주세액은 리터당 2만 7,000원(207크로나)이다. 제품 가격보다 세금이 더 비쌀 정도다. 이처럼 술값에서 배보다 배꼽이 더 큰 것은 알코올 도수를 기준으로 주세가 부과되기 때문인데 17.2도인 한국 소주 360밀리리터 한 병은 스톡홀름의 한식당에서 3만 5,000원(265크로나)에 팔린다. 나는 한국에서 손님이 올 때마다 한식당으로 모시고 갔었는데, 상대방이 가격을 제대로 보지 않은 채 아무렇지도 않게 소주를 주문할 때마다 머릿속으로 계산기를 돌리고 있어야 했다.

미용실 가격은 어떨까. 여성 커트는 일반적인 미용실에서의 가격이 5만 2,000~6만 5,000원(400~500크로나) 수준이다. 염색은 기본이 39만 원(3,000크로나)부터 시작한다. 펌은 잘 하지 않는다. 나의 경험에 한정해서 이야기하자면, 스톡홀름에서 열펌 기계가 있는 미용실을 한 번도 보지 못했다. 그래서인지 스웨덴 여자들은 미용실에 자주 가지 않는다. 펌을 한 사람은 드물고, 단발머리나 숏컷처럼 미용실에 자주 가서 관리해야 하는 헤어스타일도 흔치 않다. 남자 커트는 매우 저렴한 곳이 2만~2만6,000원(150~200크로나) 정도다. 주로 아랍계 이민자들이 운영하는 저가 이발소다.

미용실과 관련된 재미있는 에피소드를 들은 적이 있다. 으레 해외 공관장의 관저에는 대사를 위해 외교부 고용으로 요리사 정도가 파견되는데, 어느 나라의 대사는 미용사까지 데리고 왔다고 한다. 외모에 관심이 많았던 것일까, 아니면 스웨덴의 미용실 가격이 비싸다는 소문을 들었던 것일까. 이 이야기를 들려주었던 내 지인은 그 대사와의 친분으로 머리를 자를 때가 되면 꼭 대사관에 들르곤 했다.

한편 그 무엇보다도 스웨덴 사람들의 생활비에서 가장 큰 비중을 차지하는 항목은 주거비다. 스웨덴 국민들은 평균적으로 가처분소득의 21%를 주거비로 지출한다.[3] 주거 유형별로는 월세 생활자들이 가처분소득의 28%를, 자가아파트 거주자는 21%를, 자가주택 거주자는 15%를 지출하는 것으로 나타났다. 특히 64세 이상 독신 여성들은 모든 연령대와 성별을 막론하고 가장 낮은 수준의 주거비용을 지출하고 있음에도 불구하고, 그 주거비용이 가처분소득에서 차지하는 비중이 월세 생활자들의 경우 41%나 되는 것으로 확인되었다. 이들의 주거비 비중은 자가아파트 거주자의 경우 32%, 자가주택 거주자이면 23%로 나타났다.[4]

스웨덴 사람들이
차가 없는 이유

2019년 한 해 스웨덴에서 가장 많이 팔린 자동차 모델은 볼보의 S60이다. 가격은 대략 5,930만 원(45만6,000크로나) 정도다. 그런데 동일 모델이 한국에서는 트림에 따라 4,810만~5,410만 원 수준에 팔리고 있다. 볼보의 나라 스웨덴보다 한국에서 볼보가 더 저렴하게 팔리고 있는 것이다. 반면 기아자동차 쏘렌토의 스웨덴 내 판매 가격은 트림별로 대략 6,370만~7,340만 원(49만200~56만4,900크로나)[5] 수준으로 3,000만~4,000만 원 정도인 한국 가격을 훌쩍 뛰어넘는다. 물론 브랜드와 차종에 따라 가격 측면에서 한국과 큰 차이가 없는 경우도 있다.

차량 가격뿐 아니라 스웨덴에서는 주차비, 수리비, 보험료, 기름값, 심지어 세차비까지 비싸다. 스톡홀름 시내는 대부분 개발이 제한돼 오래된 건물이 빼곡하다. 그래서 실내 주차장이 많지 않다. 아파트 주차장 역시 대부분 실외인데 내가 살던 곳은 주차권이 월 4만2,000원(300크로나)이었다. 그러나 겨울에 눈이 많이 내리는 스웨덴에서 자동차를 실외에 방치하면 유리에 눈과 얼음이 붙는다. 그래서 아침마다 긁개 등을 이용해 이를 제거해야 하는 번거로움을 겪어야 한다. 실내 주차장은 그러한 수고를 들이지 않아도 되는 대신 요금이 매우 비싸다. 지하에 주차장이 있는 아파트라면 주차비로 한 달 26만~39만 원(2,000~3,000크로나) 정도를 내야 한다. 사설 실내 주차장이라면 한 달 주차비가 65만~78만 원(5,000~6,000크로나)에 달한다.

도로 주차를 위한 주차권을 구입할 수도 있다. 스톡홀름의 도로는 양면 주차된 차량으로 항상 혼잡하다. 조금만 늦게 퇴근해도 주차 공간이 없어 주변을 빙빙 돌며 자리를 찾아야 하고, 집에서 꽤 먼 거리에 주차를 하는 일이 부지기수로 많을 정도다. 스톡홀름 시내에 산다면 이 비용은 월 13만~26만 원(1,000~2,000크로나)이다.

주차권 없이 주차하면 단속의 대상이 된다. 워라밸을 중시하는 스웨덴에서 내가 만난 다양한 직업군 중 가장 열심히 일했던 사람들이 바로 주차단속요원이었다. 잠시만 불법 주차를 해놓은 후 금방 돌아오더라도 귀신같이 노란 주차딱지가 붙어 있는 것을 발견할 수 있다. 나는 심지어 차량 앞 유리에 올려둔 주차권이 제대로 보이지 않는다는 이유로 딱지를 받아본 적도 있다. 내 지인은 퇴근 후 밤 사이 차를 불법으로 세워두었는데 그날 저녁에 한 번, 다음 날 아침에 또다시 한 번, 두 개의 주차딱지를 받았다. 그는 하룻밤 불법 주차의 대가로 각 13만 원(1,000크로나)씩 총 26만 원(2,000크로나)의 벌금을 냈다.

자동차 점검·수리 시 드는 비싼 비용 역시 차량 소유주에게는 큰 부담이다. 정기 점검에는 39만~65만 원(3,000~5,000크로나)가량의 돈이 든다. 그 외 부품과 소모품 교체비용은 한국 대비 최소 2배 이상이다. 엔진오일 교체비용이 13만 원(1,000크로나) 정도다. 겨울 타이어 교체 및 보관비 13만 원(1,000크로나), 세차비 2만6,000~7만 8,000원(200~600크로나) 등 자질구레한 비용도 많다. 무연 휘발유 가격은 리터당 2,174.64원(16.728크로나, 2021년 9월 20일 기준)이다.

오전 6시부터 오후 6시 29분까지 도심지역을 통과하는 차량에 부과되는 통행료도 있다. 도심 교통체증을 완화하고 대기오염을 줄이기 위해 징수되는 세금인 통행료는 출퇴근이 몰리는 시간대에 가장 비싸진다. 스톡홀름 외곽에 살면서 남들과 비슷한 시간에 도심에 위치한 회사로 출퇴근하는 운전자는 하루 혼잡통행료로 왕복에 1만1,700원(90크로나)을 낸다. 한 달 20일 출근을 가정하면 혼잡통행료 비용으로만 월 23만 원이 드는 셈이다.

스웨덴에서
더 저렴한 것은 무엇이 있을까

살인적인 물가를 자랑하는 스웨덴에서도 의외로 한국만큼, 혹은 한국보다 저렴한 품목이 있다. 장바구니 물가는 그리 비싸지 않다. 특히 우유, 버터, 치즈 등의 유제품이 저렴한 편이다. 그래서 식자재를 마트에서 사서 직접 음식을 만들어 먹으면 식비 지출을 크게 줄일 수 있다.

차를 사지 않고 택시를 타지 않는다는 가정 하에 교통비 역시 한국과 비슷한 수준이다. 30일간 버스와 지하철을 무제한으로 이용할 수 있는 패스는 12만 원(930크로나)으로 가격이 합리적이다. 1회권은 6,500원(50크로나)으로 어마어마한 가격이지만, 이는 여행자들이 주로 구입할 뿐 현지인들이 사용하는 경우는 흔치 않다.

교육비 또한 거의 들지 않는다. 사교육비나 대학 등록금과 같은 학교 납입금이 가정 경제에 가장 큰 부담으로 작용하고 있는 우리나라와 달리 스웨덴에서는 이와 관련된 지출이 거의 없다. 등록금이 무료일뿐더러 고등학교까지는 연필, 공책 등의 학용품까지 지급된다. 사교육은 부모나 자녀의 의사에 따라 예체능 위주로 이루어지는데 비싼 개인 레슨비가 부담된다면 지자체에서 운영하는 프로그램을 저렴하게 이용할 수도 있다.

의료비 역시 매우 저렴하다. 18세 이하 미성년자는 병원비나 약값이 무료이고, 성인은 연간 의료비 15만 원(1,150크로나)과 약값 30만 원(2,350크로나)까지만 부담하면 된다. 그 이상은 국가부담으로 개인에게는 비용이 청구되지 않는다. 다만 치과 치료는 예외다. 39만 원(3,000크로나)을 넘어서는 진료비를 의료보험에서 지원받을 수 있다는 점을 감안하더라도 경제적 부담이 결코 적지 않다. 의료비가 저렴한 헝가리, 폴란드와 같은 나라로 치과 치료를 받으러 가는 사람이 있을 정도다.

내 집 마련의 경제적 부담 역시 크지 않다. 은행대출 금리는 1%

대이고 주택담보대출비율**LTV**이 85%다. 더구나 스톡홀름 시내의 비싼 지역이라고 하더라도 가격은 평방미터당 1,500만~1,600만 원 수준이다. 부동산 사이트에서 가장 비싼 지역으로 꼽히는 외스테맘을 검색하니 방 3개, 120평방미터 아파트가 19억 원(14만 5,000크로나)에 매물로 나와 있다. 월 56만 원(4,314크로나)의 관리비는 별도다. 다만 스웨덴에서 아파트는 매매대금을 치르더라도 자기 마음대로 수리할 수도, 임대를 놓을 수도 없는 등 제약이 많다. 소유권을 온전히 가지는 것이 아니라 단지 원할 때까지 거주할 수 있는 권리를 구입하는 정도의 의미를 지니기 때문이다.

청교도적인 삶에서
이케아와 H&M이 탄생하다

스웨덴 사람들의 대부분은 청빈하고 검소한 생활이 몸에 배어 있다. 이들의 절약 습관은 청교도 정신의 영향을 많이 받았다. 웬만큼 벌어서는 물질적으로 넉넉하게 살기가 쉽지 않은 까닭에 자연스레 절약하는 습관을 키우게 된 탓도 있다.

그래서인지 음식 문화가 발달하지 못했다. 영국 요리가 맛없기로 악명 높다는 사실은 누구나 한번쯤 들어봤을 것이다. 하지만 그건 북유럽 요리를 먹어보지 않아서 하는 이야기일지도 모른다. 이들 국가들은 척박한 기후 탓에 음식 문화가 발달하기에 유리한 조건을 갖추지 못했을 뿐더러 생활습관이 무척 검소하기 때문에 풍족하게 차려놓고 마음껏 먹지도 않는다. 육척 장신의 남자들이 얇은 햄 하나 들어 있는 단출한 샌드위치로 점심을 버티고 저녁이 되어서야 불 쓰는 요리를 만들어 먹는 경우가 꽤 흔하다.

차를 사지 않는 사람도 매우 많다. 차를 구입하면 구입비용에서 끝나는 것이 아니라 보험료, 자동차세와 같은 유지비까지 만만치 않게 내야 한다. 주차난이 심각한 도시에서 주차 스트레스를 겪어야 하는 것도 큰 단점이다.

과시욕을 채우기 위해서나 자기만족을 위해 명품을 구입하는 경우도 흔치 않다. 유행을 쫓는 모방소비 또한 별로 없다. 이는 유별나 보이는 것을 싫어하는 스웨덴 사람들의 내성적 성격이나, 합리적이고 실용적인 소비성향 때문일 수 있다. 혹은 세금을 제하고 난 가처분소득이 그리 높지 않은 까닭에 구매력이 낮은 것이 그 이유일 수도 있다. 하지만 한동안 스웨덴에서도 고가 브랜드인 캐나다구스 패딩 열풍이 불었던 적이 있다. 거리를 나서면 같은 브랜드의 패딩을 국민교복처럼 입은 사람들을 유달리 많이 볼 수 있었다.

스웨덴에서는 한국 사람들처럼 출근시간이 빠듯하면 택시를 타고, 외식을 자주 하며, 건강한 몸을 가꾸기 위해 필라테스 강습을 받고, 기분 전환을 위해 마사지를 받거나 미용실에 다녀오는 삶을 살기 어렵다. 한국은 주거와 외식, 취미 및 여가활동을 위한 지출비용

스웨덴 물가정보표(2020년)

품목	단위	가격(US$)
한국식당의 비빔밥 메뉴	1인분	19.89
스타벅스 아메리카노	1잔	4.42
생수(마트 최저가)	500ml	0.83
코카콜라(마트 최저가)	500ml	1.32
헤어컷(시내중심가)	1회	50
무연 휘발유	1L	1.59
전기요금	1Kwh	0.22
영화입장권	일반	18.48
담배(말보로라이트)	1갑	6.05

출처: KOTRA 국가정보

이 낮아서 소득에 비해 매우 풍요로운 삶을 살 수 있는 나라다. 전세라는 특유의 제도가 있어 월급의 상당 부분을 꼬박꼬박 월세로 바쳐야 할 필요도 없다. 스웨덴에서 한국과 비슷한 생활을 유지하려면 그 비용이 최소 2배 이상은 들 것이다.

스웨덴의 대표기업 이케아와 H&M이 탄생한 배경에는 이처럼 스웨덴식의 청교도적인 분위기가 있다. 이케아는 완제품이 아니라 소비자가 직접 만드는 조립식DIY 제품을 판매하는 가구업체로 배송

비와 인건비를 아껴 가격을 최대한 낮추는 저가 전략으로 사세를 확장해왔다. H&M 역시 대량생산한 옷을 저가에 판매하는 방법으로 패스트패션의 대표 브랜드가 되었다. 이들은 스웨덴인들의 '검소DNA'를 가장 성공적으로 구현한 기업이다.

스스로의 힘으로 버티는
자급자족의 삶

영국의 경제학자 데이비드 리카도**David Ricardo**는 비교우위라는 개념으로 분업을 설명한다. 이 이론은 보통 국가 간 무역패턴을 설명할 때 사용되지만 개인 간의 기술적 우월성을 판단할 때도 사용될 수 있다. 모든 면에서 능력이 뛰어난 사장과 그렇지 못한 비서가 있다고 가정해보자. 사장의 타이핑 속도가 비서보다 빠를 때, 사장은 타이핑 업무를 스스로 하는 것이 나을까, 아니면 그래도 비서에게 맡기는 것이 나을까? 비교우위 이론에 따르면, 후자가 정답이다. 사장은 타이핑을 비서에게 맡기고 자신이 비교우위를 가지는 기업경영에 더 몰두해야 한다. 이것이 시간을 더 효율적으로 사용하는 방법이다.

이와 같이 인간은 각자의 적성과 능력에 따라 서로 다른 직업을 가지고 공동체 안에서 노동의 결과물을 서로 맞바꾼다. 사회의 규모가 커질수록 이와 같은 분업은 더욱 촘촘해지게 마련이다. 하지만 스웨덴에서는 이 기본적인 경제원칙이 지켜지지 않는 경우가 많다. 사람의 손과 시간을 거치면 뭐든지 비싸지기 때문이다.

하루는 싱크대 배수구가 막혀 전문업체에 문의를 한 적이 있다. 견적을 물었더니 59만 원(4,500크로나)이라고 했다. 기가 막혀서 스웨덴 친구에게 물어보았더니, 오히려 왜 직접 하지 않고 업체에 맡기냐는 반문이 돌아왔다. 결국 나는 스웨덴 사람들처럼 도구를 사서 직접 배수구를 뚫었다. 물론 처음 해보는 일인 만큼 반나절이 넘도록 매달려야 했다.

스웨덴 사람들은 웬만한 것은 스스로 해결한다. 거울을 보며 혼자서 머리를 자르거나 바리캉으로 밀거나 직접 염색을 하는 사람도 많다. 페인팅, 가구 보수, 가벽 세우기 등 전문적인 인테리어까지 스스로 해결하고, 외식을 하는 대신 재료를 준비해 직접 요리해 먹는다. 마트에 깐 마늘이나 다진 생강처럼 미리 손질된 식재료가 없으니 직접 껍질을 벗기거나 썰어야 하는 등 식재료 준비에도 많은 시간을 들인다. 자동차도 자가 정비를 한다. 공구를 다양하게 준비해서 간단한 고장은 스스로 고치고 타이어도 직접 간다.

스웨덴의 직장은 워라밸이 무척 좋은 편으로 퇴근시간은 대략 오후 3시에서 5시 정도다. 그러나 각종 집안일을 이것저것 챙기다 보면 야근하는 것 이상으로 시간이 훌쩍 갈 수 있다. 집안일도 '일'이라고 치면 회사에서 야근을 하는 것이나, 일찍 퇴근해서 집안의

잡다한 일들을 처리하는 것이나 크게 다르지 않을 것이다. 스웨덴 사람들처럼 정비 및 수리 업무까지 취미생활로 즐기는 스타일이 아니어서인지, 문제가 생기면 전문가에게 도움을 받아 해결했던 것이 습관이 되어서인지 스웨덴 스타일의 자급자족 라이프는 내게 무척이나 힘든 기억으로 남아 있다.

그러나 상황을 뒤집어서 생각해보자. 다른 사람의 노동력을 사야 하는 입장에서는 비싼 인건비가 무척 부담이지만 일을 담당하는 입장에서는 그 비싼 인건비에 감사해진다. 인건비가 비싸다는 것은 그만큼 노동의 가치가 존중받는다는 뜻이다. 이런 관점에서 보면 한국에서 저렴한 가격으로 각종 서비스를 누릴 수 있는 것은 곧 누군가의 노동을 희생시킨 대가가 된다. 자급자족 라이프의 스웨덴과 다른 이의 노동을 편하게 누릴 수 있는 한국, 그 중간 어딘가에서 접점을 찾을 수는 없을까.

맞벌이는
선택이 아니라 필수

스웨덴은 대기업과 중소기업 간 임금격차가 크지 않다. 대기업에 다니는 근로자 급여만 놓고 본다면 한국이 스웨덴보다 오히려 높은 경우가 많지만, 중소기업 근로자 급여를 비교한다면 스웨덴이 훨씬 높다. 그만큼 스웨덴 근로자들의 평균급여는 상향평준화되어 있다.

대신 스웨덴 직장에서는 호봉제를 적용하거나 승진에 따라 급여 인상을 하는 경우가 흔치 않다. 급여는 물가 상승분을 반영하는 수준으로 인상될 뿐이어서 같은 회사를 계속 다닐 경우 급여가 제자리걸음인 경우가 많다. 돈을 더 벌고 싶다면 이직을 해야 한다. 또한 스웨덴 회사들은 대부분 퇴직금과 성과급, 각종 복리후생을 제공하지 않는다.

한 달에 65만 원(5,000크로나) 정도의 턱없이 낮은 임금을 주고 노동력을 착취하는 고용주도 본 적이 있다. 주로 한국식당이나 중국식당에서 보조업무를 하는 경우였다. 스웨덴에서는 법정 최저임금이 없으니 이처럼 터무니없이 낮은 급여도 불법이 아니다. 그러나 일반적으로 식당 아르바이트와 같이 단순한 작업으로는 시간당 평균 1만6,000원(124크로나) 정도를 번다.

OECD 데이터에 따르면 스웨덴 사람 한 명당 가계 순가처분소득은 세금을 제하고 이전소득을 더한 후 3,700만 원(3만1,287달러)으로 OECD 평균인 3,980만 원(3만3,604달러)에 비해 다소 낮다.[6] 한편 스웨덴의 4인 가족이 한 달에 지출하는 생활비는 주거비를 제외하고 448만 원(3만4,461크로나), 연간으로 계산 시 5,400만 원 정도다. 결국 가처분소득의 20%를 상회하는 주거비까지 포함할 경우 평균적인 스웨덴 가정은 맞벌이를 하더라도 경제적으로 풍족하기가 힘들다는 결론이 나온다.[7]

그래서 스웨덴에서는 외벌이 가정이 드물다. 내가 만났던 외벌이 가정들은 남편이 기업의 임원급으로 매우 고소득자여서 혼자 벌어도 가정 경제를 지탱할 수 있는 상황이거나 부인이 스웨덴어가 능숙치 않은 외국인이어서 취업이 힘든 경우에 한했다. 스웨덴 여성의 노동시장 진출이 활발한 배경에는 양성평등이 잘 이루어진 사회적 분위기와 더불어 맞벌이가 아니면 생활이 불가능한 사회구조가 있다.

부자 기업의 나라

독점대기업을 묵인하는
'비즈니스 프렌들리' 정부

스웨덴의 경제구조는 재벌 위주로 짜여 있다. 2016년 기준, 스웨덴 주식시장 시가총액에서 스웨덴의 대표 재벌 발렌베리가문 소유의 기업이 차지하는 비중은 무려 30%를 넘어선다.[8] 1990년대 후반까지만 해도 이 비중은 40%에 육박했다.

이처럼 스웨덴에서 재벌의 경제독점이 심화된 배경에는 정재계의 밀월 관계가 있다. 스웨덴 대기업과 정부는 양측의 이해관계가 잘 맞아떨어진 덕에 수십 년간 공고한 협업 관계를 유지할 수 있었다. 대기업은 오너일가의 경영권 방어와 승계를 위해 정치권의 지원이 필요했고, 정치권은 사회경제적 시스템을 잘 운영하기 위해서 국부와 일자리를 창출해줄 대기업이 필요했기 때문이다.

1911년 사민당 정부는 은행이 일반기업의 주식 취득과 경영 참여를 허용하는 내용을 골자로 한 은행법을 제정했다. 물론 그 배경에는 발렌베리가의 엔스킬다 은행**Enskilda Bank**(현재는 SEB로 사명 변경)을 포함한 은행업계의 강력한 로비가 깔려 있었다. 엔스킬다 은행이 ABB, 에릭슨, 스카니아 등 굵직굵직한 스웨덴의 대표 기업들을 인수한 것과 같이 스웨덴의 주요 은행들은 개정된 은행법을 적극 활용해 파산상태에 몰린 기업을 사들이면서 세력을 키워나갔다.[9]

1930년대 이후 은행의 산업자본 소유가 금지되자, 은행들은 보유하고 있던 지분을 지주회사로 이전하고 이를 통해 우회적인 방식으로 일반기업에 투자했다. 즉 위에는 지주회사가, 아래에는 투자를 받은 일반기업이 있는 피라미드형의 기업지배구조가 등장했다. 특히 투자기업의 배당금이 지주회사를 통해 지배대주주에게 넘어갈 때 주어진 면세혜택은 지주회사가 다른 기업들의 지분을 많이 확보하도록 만드는 경제적 유인으로 작용했다.

피라미드 구조와 더불어 스웨덴 대기업들이 낮은 지분으로도 경영권을 유지할 수 있게 만들어주는 것은 차등의결주식제도다. 1주1의결권의 원칙에 예외를 두면 경영권을 보유한 대주주의 주식에 보통주보다 많은 의결권을 부여할 수 있고 대주주는 적은 지분으로도 많은 의결권을 행사할 수 있게 된다. 2016년 기준, 스웨덴 기업 중 차등의결권을 사용하는 비중은 47%로 다른 유럽국가(프랑스 4.6%, 영국 2.1% 등)를 훌쩍 뛰어넘는 수준에 달했다.[10] 특히 차등의결권 주식은 2003년 이전까지만 해도 1주당 최대 1,000배의 의결권이 허용될 정도로 스웨덴 대기업들에게 절대적인 경제권력을 부여했으나, 이후 그 비율은 1:10 수준으로 대폭 축소된 바 있다.

스웨덴 양대 재벌그룹의 지주회사 역할을 하고 있는 인베스토르Investor와 인더스트리바덴Industrivärden은 이처럼 피라미드 구조와 차등의결주식제도를 활용해 단 6.2%의 투자자본으로 전체 시가총액 54%에 달하는 기업들을 소유(2004년 기준)할 수 있었다.[11]

한편 1938년 스톡홀름 외곽의 조용한 휴양지 살트셰바덴Saltsjöbaden에서는 노사 대타협을 통해 동일노동 동일임금 원칙을 기본으로 삼는 연대임금정책이 추진됐다. 당시 이 원칙은 같은 직종이라면 경제력이 높은 수출대기업이든, 적자를 보는 한계기업이든 기업의 임금부담 능력과 상관없이 같은 임금을 지불해야 한다는 논리로 발전됐다.

근로자의 임금은 노동조합과 경영자연맹의 중앙교섭에 따라 전국 평균 수준으로 정해졌는데 기업 간 임금 격차를 축소시키기 위해서는 대기업이 임금 인상을 자제하고 중소기업은 임금을 빠르게 올려야 했다. 그 결과 임금 비용을 감소시킬 수 있었던 대기업은 이윤을 축적할 수 있었지만, 높은 임금을 지불하게 된 중소기업은 경영난에 빠질 수밖에 없었다. 결국 기업의 지불능력을 무시한 연대 임금제도는 살아남은 대기업들의 경제력 집중을 가속화시키는 결과를 낳았다.

그러나 스웨덴 정부는 소수의 재벌가문이 특혜를 활용해 국가의 투자자금을 독점하고 자본집중도를 높여온 것에 대해, 이들의 이윤을 세금으로 환수하고 이를 통해 복지국가를 뒷받침하는 데 활용할 수 있다면 문제가 되지 않는다고 보았다. 오히려 기업이 해외로 빠져나가는 대신 국내에서 투자를 확대하고 고용을 창출할 수 있으려면 이들의 기득권을 보장해주어야 한다고 생각했다. 스웨덴 국민들 역시 재벌들의 생산 활동으로 세금이 충분히 징수되고 일자리가 창출된다면 재벌의 독점도 상관없다고 생각했다. 그래서 이들은 자신이 직접 창업을 하고 기업을 키우는 대신 재벌기업들이 납부한 세금을 거두어 쓰는 편한 생활을 택했다.[12] 이러한 이유로 인해 스웨덴에서는 재벌에 대한 특혜 논란이 없고, 반기업 정서 또한 매우 낮다.

기업들이
늙어간다

19세기부터 20세기 초반까지만 해도 스웨덴은 낮은 세금, 최소화된 규제, 기업친화적인 경제 구조를 갖춘, 철저히 시장경제체제를 지향하는 국가였다. 정부 예산이 GDP에서 차지하는 비중이 미국보다 낮을 정도로 작은 정부를 추구했다. 그리고 바로 이 시기에 우리가 아는 대부분의 스웨덴 기업들이 탄생했다.

그러나 1930년대 사민당이 정권을 잡게 된 이후 스웨덴의 경제정책은 재벌과 자본 등 기득권 세력과의 공존을 유지하는 방향으로 선회했다. 대기업들은 기득권의 테두리 안에서 피라미드 구조의 지주회사나 차등의결주식제도, 자신들에게 유리하게 설계된 세제 혜택과 보조금 제도를 이용하는 특권을 누릴 수 있었고 국가경제의 투자자금을 거의 독점하다시피하며 자본력을 집중시켜왔다. 피라미드 구조 내에서 배당을 할 경우 주어진 면세 혜택은 내부 기업들 간 투자를 활성화시켰지만 동시에 기업의 자본을 그룹 내에 머무르게 만들어 외부 기업들로 향하는 투자를 감소시키는 부작용을 낳았다. 더구나 금산분리에 제한을 두지 않아 은행이 도산 상태의 기업을 인수합병할 수 있게 허용해준 정책은 결과적으로 은행을 중심으로 한 대기업 집단의 자본집중을 촉발시켰다.

이처럼 늙은 대기업들이 정부의 비호를 받으며 승승장구하는 동안 시장의 활력은 빠르게 떨어지고 신생기업이 탄생하는 속도는 둔화됐다. 2019년 미국 경제매체 포브스Forbes가 선정한 글로벌 2,000대 기업에는 스웨덴 기업 26개사가 포함돼 있다. 이 중 모기업에서 분사되거나 기존 기업의 인수합병으로 탄생한 경우를 제외

〈포브스 글로벌 2000〉에 등재된 스웨덴 기업들(2019년)

포브스 순위	기업명	설립 연도	업종	비고
231	Nordea	2000	은행	Uplandsbanken 및 Sundsvallsbanken 의 합병(두 은행 모두 1864년 설립)으로 1986년 Nordbanken이 설립된 이후 핀란드·덴마크 은행 등과 합병하여 탄생
246	Volvo	1927	자동차	
416	SEB Group	1972	은행	전신 Enskilda 은행(1856년 설립)
450	Svenska Handelsbanken	1871	은행	
497	Swedbank	1820	은행	
595	H&M	1947	리테일	
656	Telia Company	2003	통신	전신 Telegrafverket(1853년 설립)
700	Atlas Copco	1873	산업재	
719	Ericsson	1876	통신	
724	Essity	2017	소비재	SCA Group(1929년 설립)에서 분사
725	Sandvik	1862	산업재	
1036	Investor AB	1916	금융	
1150	Skanska	1887	건설	
1219	Assa Abloy	1994	산업재	Securitas AB(1934년 설립)에서 분사
1224	SKF	1907	산업재	
1250	Hexagon	1992	산업재	
1455	Electrolux	1919	가전	
1478	Boliden AB	1931	광산	
1519	ICA Gruppen	1938	리테일	
1531	Epiroc	1873	산업재	
1622	Fastighets Balder	1995	금융	
1684	Industrivarden	1944	금융	Handelsbanken(1871년 설립)이 설립
1825	Alfa Laval	1883	산업재	
1909	Autoliv	1953	자동차부품	
1967	L E Lundbergföretagen	1944	금융	
1978	Securitas AB	1934	보안	

출처: 포브스 글로벌 2000

하면 2000년대 이후 새로 세워진 기업은 단 한 곳도 없다. 1990년대에 세워진 기업은 측정장비업체인 헥사곤**Hexagon**과 부동산운용업체 파스티히츠 발데**Fastighets Balder**, 단 2곳에 불과하다. 이들을 제외하면 1950년대 전후로 설립된 H&M, 오토리브**Autoliv** 정도의 업체들이 가장 젊은 축에 든다.

기업 생태계에 진입과 퇴출이 거의 없다는 것은 경제가 이미 기존의 대기업 위주로 고착화되었다는 뜻이다. 새로운 회사가 창출되어 경제에 활력을 불어넣어주지 않으니 기업생태계가 늙어버렸다는 뜻이기도 하다. 결국 스웨덴 경제는 은행을 산하에 두고 있는 제조업 기반의 대기업이 아니면 규모를 키워나가기 어려운 상태가 됐다.

1990년대 들어 정부가 재정·세제 등 경제 전반에 걸친 대대적인 개혁을 추진하고, 변동환율제를 도입하는 등 자유시장 경제 원리에 입각한 제도 개선에 나서자 신규 기업에 대한 진입장벽 역시 서서히 낮아지기 시작했다. 최근 들어서는 아직 대기업 반열에 도달하지는 못했더라도 새로운 아이디어와 기술력으로 이들의 위치를 넘보는 신생기업들이 스웨덴 경제에서 또 하나의 중심축으로 자리매김하고 있는 추세다. 그 대표적인 예가 세계 최대의 음원 스트리밍 서비스업체 스포티파이**Spotify**와 전자상거래 지불서비스 업체 클라르나**Klarna**다. 미국 마이크로소프트**Microsoft**에 인수된 스카이프**Skype**와 모양**Mojang**도 빼놓을 수 없다.

이처럼 스웨덴이 유럽 내 주요 스타트업의 허브로 부상한 원인을 선진화된 사회안전망 덕분으로 돌리는 의견이 있다. 탄탄한 복지제도 덕분에 창업의 실패를 두려워하지 않고 과감히 도전할 수 있다는 것이다. 그러나 이 주장은 오히려 신자유주의의 발상지인 미국이 변화에 개방적인 태도로 전 세계의 창업자들을 적극적으로 끌어 모으고 있다는 사실을 뒷받침하지 못한다. 사회보장제도가 아직 미흡한 수준으로 평가받는 중국이 미국 다음가는 스타트업 강국으로 부상한 이유 역시 설명하지 못한다. 기업가치 10억 달러 이상의 비상장 스타트업을 뜻하는 유니콘 기업의 수는 2020년 11월 기준 전 세계에 500여 개로 이 중 미국(243개)과 중국(118개)이 70% 이상을 보유하고 있다. 이는 스웨덴(3개)은 물론 한국(11개)을 훌쩍 뛰어넘는 숫자다.

최근 들어 스웨덴에 혁신 스타트업이 등장한 것은 정부가 1990년대 이후 시장친화적인 정책을 적극적으로 펼친 결과다. 정부가 나서 창업 환경을 개선하고 규제 장벽을 낮추고, 지속적인 투자 지원 등 산업 육성을 위한 정책을 펼친 것이 스타트업 성장의 기반이 된 것이다. 20세기 초가 되기 전까지 스웨덴 정부가 자유주의 정책을 표방하던 시절에 대부분의 스웨덴 대표 기업들이 탄생했던 것과 같은 맥락이다.

정경유착,
그리고 발렌베리가문의 탄생

2014년 EBS 〈지식채널e〉에서 다뤄 큰 화제를 몰고 온 스웨덴 기업이 있다. 바로 발렌베리그룹이다. 이 방송은 발렌베리그룹이 스웨덴에서 존경받는 기업으로 성장한 이유를 아래와 같이 설명한다.

"기업의 생존 토대는 사회다."

이익의 85%를 법인세로 사회에 환원.

대학, 도서관, 박물관 건립 등 공공사업에 투자.

막강한 영향력을 지녔지만 세계 1,000대 부자 명단에 이름을 올린 적이 없는 후계자들.

존재하되 드러나지 않는다.

발렌베리의 후계자들은 특권 대신 책임을 선택하며 스웨덴의 자긍심이 된다.

스웨덴에서 발렌베리는 자본주의, 힘, 그리고 봉사의 동의어다.

발렌베리그룹의 모태는 1856년 설립된 스톡홀름 엔스킬다 은행이다. 그룹은 은행업을 통해 쌓은 막대한 부를 활용해 ABB, 에릭손, 일렉트로룩스 등 유명 기업을 잇따라 인수하며 사업영역을 확장했다. 이처럼 발렌베리그룹이 금융자본을 활용해 산업자본을 소유할 수 있었던 것은 사실상 큰 특혜였다. 자기자본에 비해 타인자본(예금자에게 빌린 돈)이 훨씬 높은 비중을 차지하는 은행업의 특성상 남의 돈으로 인수대금을 마련한 것이나 마찬가지기 때문이다.

1930년대 들어 은행의 산업자본 소유가 금지되자, 발렌베리그룹은 산하의 은행이 기존에 보유하고 있던 산업자본들의 주식을 지주회사 인베스토르로 이전했다. 그리고 이후 인베스토르의 주식은 공익재단을 통해 집중 취득했다. 이로써 지배구조의 정점에 위치한 발렌베리재단이 지주회사인 인베스토르를 소유하고, 인베스토르는 다시 자회사들을 소유하는 발렌베리의 피라미드형 소유지배구조가 완성됐다.

창업자의 맏아들이자 창업 2세대인 크누트 발렌베리Knut Wallenberg가 1917년 크누트앤앨리스 발렌베리재단Knut och Alice Wallenberg Stiftelse을 설립하며 밝힌 재단의 설립 목적은 기관과 개인에 대한 공익적 목적의 지원을 전담할 기관이 필요하다는 것이었다. 하지만 그 이후 발표된 많은 논문에서 발렌베리가문이 상속세 등 세금을 피하기 위한 목적으로 재단을 설립했고, 가문이 보유한 재산의 상당 부분을 이 재단으로 넘겨 세금을 피했다는 주장이 제기된 바 있다.[13] 공익재단에는 자본소득세, 재산세, 상속세, 증여세에 대한 면세혜택이 주어졌기 때문이다.

물론 면세혜택을 받기 위해서는 조건이 있다. 재단의 운영 상황을 투명하게 공개하고 재단 수익의 상당 부분을 사회에 환원해야 한다. 발렌베리재단의 수익은 대부분 계열사 주식에서 나오는 배당금으로, 이 중 통상 80% 정도를 과학기술, 대학연구사업 등을 지원하는 것에 사용하고 나머지 20%는 계열사 내에 재투자한다. 지원금 중 대부분은 의학·자연과학 분야 기초연구에 할당되고, 일부가 사회과학이나 인문학 등의 연구 지원에 사용되는 편이다. 2019년 기준 발렌베리 산하의 재단 16개가 과학 연구와 교육에 지급한 액수는 총 3,120억 원(24억 크로나)으로 최근 10년간 누적금액은 2조 4,700억 원(190억 크로나)에 달한다.[14]

발렌베리그룹이 이러한 사회공헌을 통해 기초과학 분야를 발전시키고 산업기술발전에 기여한 것은 분명한 사실이다. 그러나 그 지원금은 2019년 한 해에만 4,875억 원을 기부한 한국의 삼성그룹에 비하면 그리 큰 규모라고 볼 수 없다. EBS 〈지식채널e〉에서 제기한 바와 같이 이익의 85%를 사회로 환원한다는 주장이 큰 의미를 담지 못하는 이유다. 더구나 EBS의 설명은 자칫 계열사 순이익의 상당 부분을 기부하는 것으로 오인되기 쉬우나 정확하게는 계열사에서 얻은 재단의 배당수익을 기준으로 기부의 규모가 결정되는 것이라고 봐야 한다. 또한 발렌베리재단이 의학과 생명과학 분야를 위주로 연구비를 지원해온 것을 그룹 산하에 제약회사 아스트라제네카를 두고 있다는 사실과 연결시킨다면 이 역시 '조건 없는 사회환원'으로 보기에는 다소 무리가 있다.

한편 EBS 〈지식채널e〉에서 설명한 바와 같이 발렌베리가문의 구성원들이 내로라하는 부자 명단에 그 이름을 올리지 않고 있는 것은 사실이다. 선대에서 재단에 사재를 출연한 까닭에 후대로 내려온 재산이 상당수 줄어들었기 때문이다. 계열사로부터 나오는 배당수익 역시 재단의 몫일 뿐 가문 구성원들의 수중으로 들어가는 것은 아니다.

미국의 잡지 포브스가 매년 집계하는 세계 부자 랭킹은 상장된 주식과 같이 공개된 재산을 그 기준으로 삼는다. 현금이나 부동산, 보석, 예술품 등의 재산은 추적이 어렵고 그 규모를 정확하게 파악하기가 어렵기에 집계에서 제외한다. 그래서 기업의 창업자들이 보유 주식의 가치를 인정받아 높은 순위에 드는 경우가 많다. 한국의 재벌들 역시 경영권 방어 목적으로 자사주 매입에 적극적인 데다 경영 승계를 할 때도 자식에게 지분을 상속하거나 증여하는 방식을 택하고 있어 재산의 규모가 정직하게 노출되는 편이다. 그래서 순위가 높다.

그러나 발렌베리가문 구성원들이 직접 보유하고 있는 지주회사 인베스토르의 주식은 인베스토르의 전체 주식 중 자본 기준으로 0.5%, 의결권 기준으로는 0.7%에 불과하다.[15] 이처럼 계열사와 지주회사에 대해 소수의 지분을 가지고 있다면 공식적으로 집계되는 부자 명단에 오르지 못하는 것이 전혀 놀라운 결과가 아니다. 오히려 당연한 것이다.

한편 발렌베리재단의 이사회는 총수 일가가 이끌고 있다. 크누트앤앨리스 발렌베리재단의 경우 피터 발렌베리 주니어**Peter Wal-lenberg Jr.**가 이사장직을, SEB 뱅크 회장인 마르쿠스 발렌베리**Marcus Wallenberg**가 부이사장직을 맡고 있다. 문제는 이처럼 공익재단에서 특수관계인이 의사결정을 좌우할 수 있는 자리에 위치한 경우 재단이 그룹의 지배력을 강화하는 수단으로 활용되고 있다는 오해를 받기 십상이라는 것이다. 재단이 그룹 내 지주회사의 대주주 역할을 하고 있다는 사실 역시 총수 일가의 지배권 승계를 돕기 위한 의도로 해석될 여지가 있다.

물론 스웨덴의 공익재단이 그룹지배구조의 한 축이 돼 편법 경영행위에 악용되고 있다는 근거는 없다. 다만 재단이 재단 사무국의 독립성을 유지해 공익사업을 진정성 있게 추진하기 위해서는 굳이 불필요한 억측이나 오해를 살 수 있는 경영방식을 택할 필요는 없을 것이다.

또한 발렌베리가문이 한국의 재벌들처럼 지분 확보에 욕심을 부리지 않는 것은 이들이 차등의결권을 소유하고 있기 때문이다. 발렌베리 가문 구성원들이 주요 직책을 맡고 있는 크느투앤앨리스 발렌베리재단은 지주회사 인베스토르의 주식을 자본 기준 25.6%, 그리고 의결권 기준으로 55.1%를 보유하고 있다.[16] 공익재단이 의결권을 행사하는 것에 제한이 가해지는 한국과는 다르다. 그리고 인베스토르는 에릭슨의 지분 5.3%로 21.5%의 의결권을, 일렉트로룩스에 대해서는 15.5%의 지분으로 30%의 의결권을 보유하는 등 투자기업에도 영향력을 행사하고 있다.[17] 가문의 구성원들은 이러한 구조를 통해 소수 지분으로도 기업가치가 그 몇 배에 달하는 전체 그룹을 장악할 수 있다.

차등의결주식제도, 피라미드형 소유지배구조, 인베스토르와 같은 지주회사가 계열사의 대주주인 것, 공익재단이 지주회사의 주식을 보유하고 있는 것은 많은 경우 재벌총수의 경영권 유지와 세습에 그 목적을 두고 있다. 그러나 이처럼 강력한 경영권 보호 장치는 기업가치의 평가절하를 초래해 투자자들에게 최고의 이익을 돌려주지 못하거나, 자원이 효율적으로 배분되는 것을 막아 시장의 본질적인 기능을 방해할 우려가 있다.

뿐만 아니라 발렌베리그룹은 시너지 효과를 기대할 수 없는 비관련 사업에도 진출해 서로 연관 없는 수많은 사업을 영위하고 있다. 이들의 영향력은 발전설비엔지니어링**ABB**, 베어링 제조**SKF**, 방위산업**SAAB**, 항공사**SAS**, 은행**SEB**, 통신장비**Ericsson**, 제약**AstraZeneca**, 호텔**Grand Group Hotel**, 제지**Stora Enso**, 가전제품**Electrolux** 등의 다양한 사업군까지 확장되어 있다. 한국 재벌기업들의 문어발식 확장과 비슷한 모양새다. 문제는 이처럼 비관련 사업다각화로 특정 소수집단에 경제력이 집중되면 신생기업의 탄생과 성장에 비우호적인 환경이 조성될 수 있다는 점이다.

발렌베리가를 포함한 스웨덴의 재벌들은 비록 의도하지 않았더라도 결과적으로 스웨덴 경제 생태계의 선진화를 막고 노후화를 초

발렌베리그룹의 지배구조

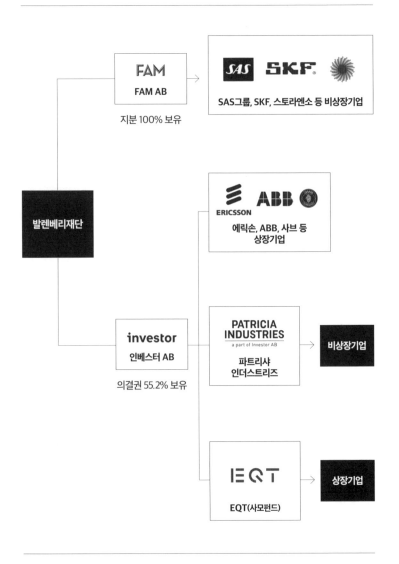

FAM AB
지분 100% 보유

SAS그룹, SKF, 스토라엔소 등 비상장기업

발렌베리재단

ERICSSON
에릭슨, ABB, 사브 등
상장기업

investor
인베스터 AB
의결권 55.2% 보유

PATRICIA INDUSTRIES
a part of Investor AB
파트리샤
인더스트리즈

비상장기업

EQT(사모펀드)

상장기업

래하는 것에 일조를 했다. 그렇다면 이들에게도 도의적·사회적·경제적 책임이 없지 않다. 한국 언론에서 다루는 발렌베리그룹의 모습이 지나치게 비판 불가능한 성역이자 절대적인 선으로 묘사되는 것은 아닌지 고민해볼 문제다.

'착한 기업'이라는 허상

기업의 책임은 어디까지일까. 노벨경제학상 수상자 밀턴 프리드먼 **Milton Friedman**이 말한 것처럼 기업의 사회적 책임은 이윤 추구에 있을까. 아니면 경제적인 성과에 더해 사회적 가치까지 함께 추구해야 그 책무를 다한 것일까.

우리나라에서 발렌베리그룹이 유명해진 것은 투명 경영과 사회 공헌을 강조하는 그들의 경영철학 때문이었다. 이 그룹은 변칙적이고 부당한 방법으로 부의 대물림을 시도하거나, 분식회계·시세조종 등 각종 불법행위로 사회적 물의를 빚은 적이 없다. 그야말로 따뜻한 자본주의를 표방하는 기업이다. 사회적 기업으로서 발렌베리를 높이 평가하는 이들은 종종 발렌베리를 한국의 재벌과 비교한다. 그리고 한국 재벌들의 세습 경영, 피라미드에 의한 소유구조, 소수 지분을 통한 경영권 장악, 편법 상속, 그리고 정경유착을 비판한다. 그들에게 한국 재벌들은 개혁의 대상이다.

그러나 한국 재벌체제가 갖고 있는 문제점은 스웨덴의 재벌, 발렌베리그룹에게도 그대로 적용된다. 이들은 160년간 5대에 걸친 세습 경영을 하며 재단 – 지주회사 – 자회사로 이어지는 피라미드 구조를 구축했고, 차등의결권을 통해 소수 지분으로도 경영권을 확보했다. 상속과 관련한 논란이 없는 것은 지배구조의 최상단에 위치한 공익재단을 통해 그간 세금을 면제받고 있었고, 2005년 이후부터는 아예 상속세 제도가 폐지되어 이와 관련된 책임에서 자유로워졌기 때문이다.

더구나 발렌베리왕국의 번영에 중요한 토대가 된 이 소유지배구조는 집권당인 사민당 정권이 마련해준 것이다. 실제로 발렌베리가는 사민당 지도부와 매우 친밀한 관계일뿐 아니라 국왕 가문과도 긴밀한 사이를 유지해온 것으로 알려져 있다. 한국이었다면 정경유착의 의혹이 진작 제기됐을 대목이다. 그룹은 이 밖에도 2차 세계대전 당시 나치에 적극적으로 협력해 이익을 취했다는 사실이 드러나 곤욕을 치렀던 전적이 있다.

스웨덴의 다른 기업이라고 해서 사회적·윤리적 책임을 완벽하게 다한다고 볼 수도 없다. 발렌베리그룹과 함께 스웨덴의 양대 재벌로 꼽히는 인더스트리바텐은 2015년 경영진들이 회사 소유의 전용기를 사적인 용도로 수시로 사용했던 사실이 발각돼 논란에 휩싸인 바 있다. 경영진들은 올림픽을 보러 가기 위해, 휴가를 보내기

위해, 심지어 깜빡 잊고 두고 온 지갑을 가져오기 위해 전용기를 사용해왔다고 한다.[19]

파란색 바탕에 노란색 글씨의 로고로 스웨덴 국기를 연상케 하는 브랜드 이미지를 가진 가구공룡 이케아는 어떨까. 스웨덴의 라이프 스타일을 전파하는 이 기업의 본사는 아이러니하게도 네덜란드에 있다. 창업주 캄프라드가 스웨덴의 높은 세금을 피해 1973년 본사를 이전했기 때문이다.

뿐만 아니라 캄프라드는 1982년 회사 지분을 창업주의 가족이 포함된 이사회가 운영하는 잉카재단으로 넘긴 바 있다. 잉카재단은 전 세계 이케아 지점의 경영을 책임지는 지주회사 잉카그룹을 지배하고 있으며, 이케아 판매대금 중 3%는 상표 로열티 명목으로 인테르이케아로 흘러가고, 인테르이케아는 리히텐슈타인에 위치한 인터로고재단의 지배를 받는다. 네덜란드, 스위스, 리히텐슈타인 등 여러 나라를 거쳐 복잡한 구조로 이케아를 쪼개 놓은 것은 세법의 허점을 활용한 조세 회피 목적일 가능성이 있다. 결국 유럽연합EU은 2017년 이후 이케아의 세금 회피 정황 조사에 나섰다.

세상에 완벽한 기업은 없다. 스웨덴의 기업도, 한국의 기업도 완벽하지 않다. 유독 한국 재벌만 비도덕적이고 문제가 많다고 몰아세우는 것은 단편적이고 편협한 사고일 뿐이다. 한국 재벌의 불법 행위를 변호하고 싶다는 뜻이 아니다. 다만 한국 재벌의 과오를 비판하고 스웨덴 재벌의 노블레스 오블리주를 칭찬하기 전에, 스웨덴

이케아의 지배구조

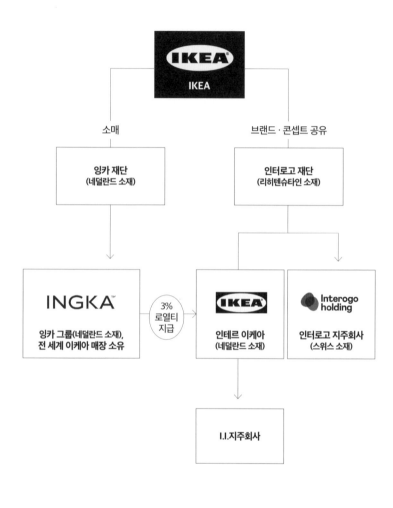

소매

브랜드 · 콘셉트 공유

잉카 재단
(네덜란드 소재)

인터로고 재단
(리히텐슈타인 소재)

INGKA™

잉카 그룹(네덜란드 소재),
전 세계 이케아 매장 소유

3%
로열티
지급

인테르 이케아
(네덜란드 소재)

Interogo
holding

인터로고 지주회사
(스위스 소재)

I.I.지주회사

출처: Medium20

재벌은 우리나라 재벌에 가해지는 각종 규제 문제로부터 자유롭다는 사실을 먼저 염두에 두어야 한다는 의미다.

그간 한국 재벌이 비판을 받았던 이유는 상속 등 경영권 승계와 관련된 이슈가 대부분이었다. 삼성전자를 예로 들어보자. 에버랜드 전환사채 사건, 삼성 바이오로직스의 분식회계 의혹 등 사회적으로 물의를 일으킨 대부분의 사건들 역시 경영권 승계 작업을 위해 이루어진 것이다. 스웨덴처럼 상속세가 없고 경영권이 확실히 보장되어 있었다면 굳이 편법을 쓰지 않았을 수도, 그리고 불법을 저지르지 않았을 수도 있다는 얘기다. 물론 역사에 가정은 없다. 그러나 여건이 다른데 동일한 잣대를 가지고 비판할 수는 없는 법이다.

부동산의 고통

CHAPTER
03

만성적인 공급 부족,
수요 초과의 주택시장

스웨덴 인구는 10년 전보다 10%나 증가했다. 2009년 925만 명이
던 인구는 2019년 기준 1,023만 명을 넘어섰다. 이러한 증가세는
2010년 중반 이후 대폭 늘어난 난민과 이주민들의 유입에서 기인
한 것으로 풀이된다. 문제는 인구의 폭발적인 증가에도 불구하고
1990년대 이후 스웨덴 내에서 주택의 공급이 적극적으로 이루어
지지 않았다는 점이다.

　스웨덴에서는 290개의 지자체 중 255개가 주택 부족 문제로

골머리를 앓고 있을 정도로 공급이 수요를 쫓아가지 못하는 만성적 수요 초과 현상이 뚜렷하게 나타난다. 그래서 어쩔 수 없이 비좁은 원룸에 살며 울며 겨자 먹기로 비싼 월세를 부담하거나 한두 시간 거리의 먼 외곽에 집을 구하고 도심까지 긴 통근시간을 버티는 경우도 흔하다. 스웨덴의 음악 스트리밍 플랫폼 스포티파이의 창업자 다니엘 에크**Daniel Ek**가 해외 유능인재 영입의 가장 큰 걸림돌로 스웨덴의 주택 문제를 꼽았을 정도다.

스웨덴 정부가 처음부터 주택 문제에 소극적으로 대응한 것은 아니었다. 20세기 초 이후 지자체들은 주거용지를 저렴한 가격에 매입한 후 산하에 공공주택 건설회사를 두고 임대아파트의 건설, 임대, 관리까지 일임했다. 정부는 이처럼 공공이 토지소유권을 가지고 있으면 지가 상승 시 개발이익을 환수할 수 있을 뿐 아니라 투기를 억제시켜 주택가격을 안정시킬 수 있을 것이라고 여겼다.

특히 2차 세계대전 이후 경제성장과 산업 발전으로 스웨덴의 도시인구 비율이 급격하게 증가하자, 정부는 1965년부터 10년간 연간 10만 호씩 총 100만 호의 공공주택을 도시 외곽에 지었다. 당시 800만 명에 불과했던 스웨덴 인구를 감안할 때 실로 엄청난 물량의 주택이 시장에 쏟아진 것이다.

그러나 그 이후 오랜 기간 동안 스웨덴 정부는 주택 공급에 있어 매우 신중하고 소극적인 자세를 견지하며 정책 우선순위에서 주택 문제를 뒷전으로 미루었다. 100만 호의 임대아파트가 주택시장에 공급된 이후 대규모 주택사업이 집중 추진된 적은 없다. 심지어 많은 지자체들은 인구 고령화의 진전으로 복지지출이 확대되자 재원 마련을 위해 임대주택의 일부를 민간에 매각하기까지 했다. 이렇게 민간으로 전환된 임대주택의 수는 스톡홀름에서만 10만 호에 달한다.

설상가상으로 1990년대 초반 경제위기가 찾아오자 부실은행에 구제 금융을 제공하는 등 정부의 재정지출이 늘어났고 동시에 임대주택에 대한 예산 확보는 어려워졌다. 민간임대회사에 제공했던 세금 감면과 같은 인센티브가 사라지자 민간을 통한 임대주택의 공급 역시 자연스레 줄어들었다. 유럽에서 가장 비싼 수준으로 꼽히는 건축 공사비, 건설 기술자 부족, 과도한 건축규제, 긴 허가기간 또한 공급 확대에 걸림돌이 됐다.

임대주택 입주를 위한
20년의 기다림

한국을 비롯한 대부분의 나라에서 임대주택은 저소득층의 주거 안정을 위한 수단이다. 그래서 기준에 따라 소득요건 등이 맞는 입주자들에게만 기회가 주어진다. 반면 스웨덴의 임대주택은 '모든 국민에게 주택을 dwellings for all'이라는 원칙 아래 원하는 모두에게 열려 있다. 스웨덴의 이러한 주거복지 시스템은 그러나 인구의 폭발적 증가와 주택공급 절벽으로 인한 작금의 주택난 상황에 탄력적으로 대응할 수 있도록 설계되지 않았다. 지금은 이 원칙이 지켜지지 않는다는 얘기다.

스톡홀름 내 임대주택에 입주하기 위한 평균 대기기간은 10.8년이다. 입지가 좋은 곳을 원한다면 바사스탄 지역 입주까지 23.2년을, 쿵스홀멘은 21.2년을, 그리고 외스테맘의 경우 19.8년이라는 시간을 버텨야 한다. 외곽 지역이라고 입주가 쉬워지는 것은 결코 아니다. 시내에서 11~15킬로미터가량 떨어진 허스비(12.6년), 프루엥엔(11.1년)에 살고 싶더라도 역시 오랜 시간이 흘러야 한다. 심지어 스톡홀름 인근에서 가장 치안이 불안한 곳으로 꼽히는 링케뷔 입주를 위해서도 10.3년이란 시간이 필요하다.[21]

대기기간이 이렇게 턱없이 긴 이유는 한정적인 공급을 놓고 수요가 과도하게 몰리고 있기 때문이다. 스웨덴 정부는 재산, 부양가족 수, 주택 소유 여부와 무관하게 사회보장번호(한국의 주민등록번호에 해당)가 있는 18세 이상이면 누구나 임대주택을 신청할 수 있도록 진입장벽을 낮추었다. 그 결과 2019년 6월 기준 스톡홀름 부동산중개업체**Bostadsförmedlingen**에 임대주택을 신청하고 대기 중인 사람의 수는 58만 명이 되었다. 스톡홀름 시의 총 인구가 94만 명이다. 18세 이상만 신청할 수 있다는 조건을 감안하면, 신청할 수 있는 사람은 대부분 신청을 한 것으로 해석 가능하다.

반면 새로운 주택의 공급은 오랜 기간 동안 막혀 있었다. 임대료 상한제 탓에 임대료로 수익을 얻기 힘들어진 민간 임대업자들이 새로운 주택을 짓는 것에 투자를 줄였고 정부 역시 한정된 예산 아래 공급을 무작정 늘리지 못했기 때문이다. 더구나 스톡홀름의 주택시장에 나오는 임대주택은 매년 1만 호가 채 되지 않는다. 대기 순번대로 선발된 입주자들은 배정된 임대주택에서 죽을 때까지 살 수 있고, 자식에게 상속까지 하는 경우도 있다. 그래서 한 번 계약이 된 매물은 오랜 기간 잠겨 시장에 나오지 않는다. 이처럼 폭발하는 수요를 공급이 쫓아가지 못하면 수요와 공급 간 미스매치(불균형)가 생겨날 수밖에 없다.

이러한 상황 아래 가장 이득을 보는 집단은 수수료를 지불하며 오랜 대기를 버틴 끝에 영구임대주택에 안착한, 중장년층의 기성세대 입주민들이다. 임차인 선정에 기준이 없기 때문에 집을 사거나 월세로 살 여력이 있는 사람들조차 임대주택에 사는 경우가 많다. 반면 그만큼의 세월을 버티지 못한 젊은 세대, 이민자, 경제적 취약계층의 주거 확보는 점점 더 어려워지고 있다.

전 국민을 대상으로 하는 보편적 복지의 맹점이 바로 여기에 있다. 복지 예산이 한정되어 있더라도 취약계층을 선별해 집중적으로 지원한다면 큰 문제가 없다. 그러나 수혜 대상을 모두에게로 넓히면 정작 필요한 사람들에게 기회가 돌아가지 않을 수 있다.

임대주택인데
한 달 임대료가 100만 원?

공공임대주택의 임대료는 지역 단위로 세입자연합과 지자체 산하의 주택건설회사연합이, 민간임대주택이라면 주택소유주연합까지 가세한 단체협상을 통해 결정된다. 이들은 건물의 건축연도, 위치, 주택 크기, 옵션 여부 등을 고려하여 비슷한 조건의 주택과 크게 다르지 않은 수준에서 적정한 임대료를 산정한다. 인상폭 역시 물가상승률과 비교해 아주 높지 않은 수준에서 그친다. 그래서 이러한 협상 결과는 시장에서 마치 임대료 상한제와 같은 효과를 낸다.

그렇다고 해서 최초에 책정된 임대료 수준이 저렴한 것은 아니다. 스웨덴 전역의 평균가격을 기준으로 했을 때 구축임대주택의 경우 평방미터당 1만1,000원/월(87크로나) 정도, 신축은 평방미터당 1만6,000~1만7,000원/월(125~133크로나) 정도의 임대료가 책정된다.[22] 특히 스톡홀름 시내라면 그 가격이 훨씬 높은 수준으로 형성되어 있다. 스톡홀름 내 66제곱미터(20평) 크기의 임대아파트 월 평균 임대료는 2016년 기준 85만 원(6,518크로나)이다. 매년 2%씩 상승했다고 가정 시 2021년에 지불할 임대료는 매월 94만 원(7,196크로나) 수준이 된다. 특히 시내 중심가라면 방 한 개짜리 신축 임대아파트의 임대료가 월 195만 원(1만5,000크로나) 정도에 이르기도 한다. 임대료 이외 전기료나 인터넷 비용은 일반적으로 별도다. 계약에 따라 다르지만 수도비를 추가로 지불해야 하는 경우도 있다.

임대아파트의 임대료가 이렇게 비싼데도 수요가 몰리는 이유는 무엇일까. 임대아파트가 아니라면 개인이 내놓은 매물에 월세로 살거나 주택을 매매해야 한다. 개인 주택이나 아파트는 월세가 매우 비싸다. 스톡홀름의 경우, 원룸도 기본이 105만 원(8,000크로나) 수준이고 시내에 근접할수록 130~195만 원(1만~1만5,000크로나) 정도는 각오해야 한다. 각종 자료에 따르면 개인 매물의 평균적인 월세는 동일한 조건의 임대주택에 비해 138%나 더 비싼 수준으로 세입자들에게 큰 부담이 되는 것으로 나타났다.[23] 정부는 부동산으로 돈을 벌어서는 안 된다는 원칙 아래 개인 매물에도 임대료 설정에 관한 기준을 제시하고 있지만 공급자 위주의 시장에서 수요자에게 혜택이 돌아가기란 어렵다.

아파트를 구매했다고 하더라도 매달 일정 수준의 주거비 부담은 있다. 입주민들은 아파트를 지을 때 받은 은행대출을 공동으로 갚아나가야 하고, 건물의 노후나 시설관리에 필요한 비용 역시 함께 부담해야 한다. 우리로 치면 관리비와 유사한 이 비용은 일반적으로 매달 52만~65만 원(4,000~5,000크로나) 수준이다. 이 외에 주차비가 최소 4만2,000원(300크로나), 아파트 보험료 1만3,000원(100크로나) 정도의 추가 비용도 있다. 여기서 끝이 아니다. 아파트를 살 때 개인적으로 은행 대출을 받았다면 모기지 상환 및 대출이자까지 납부해야 한다.

주택에 산다면 아파트의 공동관리비는 내지 않지만 대신 건물의 유지·관리가 힘들고 각종 공과금이 매우 비싸다. 내 지인은 스톡홀름에 도착한 첫 겨울, 한국에 살았을 때와 비슷한 수준으로 난방을 했다가 40평 단독주택에서 한 달에 52만 원(4,000크로나)의 난방비를 냈던 적도 있다.

반면 임대아파트에 산다면 자기자본금이 없어도 되고, 주택 구입을 위한 대출 역시 할 필요가 없다. 거주기한이나 임대비 인상에 대한 우려 역시 거의 없다. 또한 임대료에 관리비가 포함되어 있어 아파트를 수리해야 할 경우에도 추가 비용이 들지 않는다. 그래서 결국 이리저리 따져 봐도 개인이 내놓은 집에서 월세를 내고 살거나 집을 직접 구매하는 것보다는 임대아파트에 사는 것이 저렴하다는 결론이 나온다. 우리 생각에는 한 달 월세를 100만 원씩이나 내면서 임대아파트에 사는 것이 이해되지 않을 수도 있지만, 그들의 입장에서는 이것이 가장 합리적인 선택인 것이다.

다만 공급이 폭발적인 수요를 쫓아가지 못하는 까닭에 임대주택은 당첨이 매우 어렵다. 공급이 늘지 않는 것은 임대료 상한제로 수익률이 낮아지자 민간건설업자들이 투자를 줄였기 때문이다. 이 경우 넘쳐나는 수요는 개인이 내놓은 매물이나 임대법에서 정한 금액 이상의 임대료를 받는 비정상적인 임대시장으로 흘러들어갈 수밖에 없다. 그러나 임대주택 입주를 위해 오랜 대기기간을 버티는 동안 개인 매물에서 비싼 월세를 주고 사는 이들은 일을 해도 가난을 벗어날 수 없는 워킹 푸어**working poor**로 전락할 우려가 있다.

개인 매물의 비싼 월세를 감당하기 힘든 소외 계층들은 결국 기존 임대주택 거주자가 주택의 일부를 재임대**sublet**(전대)하는 공간에서 살거나 방 하나를 여러 명이 공유하는 방식으로 고달프게 살아갈 수밖에 없다. 상황이 이렇다 보니 스웨덴에서는 임대 암시장이 기승을 부리고 있다. 임대주택 입주자가 다른 사람에게 더 비싼 임대료를 받고 집 전체 또는 집을 쪼개 방 한 개를 재임대하는 불법 사례가 끊이지 않고 있는 것이다. 이러한 불법 전대 암시장은 스웨덴에서 약 1,500억 원(1억1,000만 유로) 규모에 달한다고 한다.[24]

아파트를 산다 해도
소유주는 따로 있다

스웨덴에는 입주민들이 만든 조합형 주택이 있다. 주택협동조합이 아파트를 짓고 무기한 거주할 수 있는 권리를 분양한다. 아파트에 살고 싶으면 조합에 일정 금액을 출자해 지분을 얻어야 한다. 이 과정은 주로 공개입찰 방식으로 이루어지는데, 입찰가격을 최고가로 적어낸 사람이 낙찰을 받고 포레닝이라고 불리는 아파트의 조합으로부터 소득요건 등 거주자격기준 심사를 거치게 된다.

이 과정을 거쳐 아파트를 매매한다고 하더라도 집을 소유할 수 있다는 의미는 아니다. 아파트는 '조합'이 소유한다. 나는 단지 조합의 회원으로서 아파트에서 거주할 수 있는 권리를 부여받을 뿐이다. 그래서 집 구조를 변경할 때 조합의 사전 승인 없이 단독으로 진행할 수 없고, 아파트를 팔 때도 그 전에 조합의 점검을 거친 후 문제가 있으면 자비를 들여 보수공사 등 조치를 취해야 한다. 내 마음대로 세를 줄 수도 없다. 아파트를 샀다면 실거주가 원칙이고 해외 체류, 지방 취업 등 조합을 설득시킬 수 있을 만큼 예외적인 사유가 있는 경우에 한해 세입자를 구할 수 있다. 세입자를 들일 수 있는 기간은 보통 1~2년으로 제한되며, 월세 역시 조합이 정하는 선에서 책정된다. 안전상의 이유로 세입자의 거주 자체를 불허하는 조합도 있다.

나는 처음 스웨덴에 도착했을 때, 다른 많은 스웨덴 사람들과 마찬가지로 집을 구하는 데 무척 애를 먹었다. 시장에 매물이 많이 나오지 않았고 나오더라도 집 보러 갈 새도 없이 금방 사라져버렸다. 두 달을 호텔에서 지내면서 겨우 찾은 시내의 한 아파트는 위치가 좋으면서도 회사 지원금으로 감당할 수 있을 정도로 월세가 합리적이었다. 집주인은 뉴욕에 근무하는 젊은 스웨덴 사람이었는데 원래 2년 예정으로 뉴욕에 건너갔지만 근로계약이 연장되어 앞으로 2~3년 정도 더 머무를 예정이라고 했다. 그녀는 기존 세입자가 나간 이후, 2~3년을 더 머무를 새로운 세입자를 찾았고 급하게 집을 구하고 있던 나를 만났다.

그녀는 임대와 관련된 절차에 따라 내가 세입자로 들어갈 수 있도록 조합의 승인을 요청했다. 그러나 우리는 허가를 받지 못했다. 첫 2년간의 임대는 그녀가 일시적으로 해외에 거주하게 되었다는 이유가 참작이 되어 가능했지만, 그 이상의 기간은 승인해줄 수 없다는 것이었다. 조합 측은 2년 이상 실거주를 하지 못할 경우 집을 팔아야 한다고 주장했다. 그녀는 이 문제를 법정으로 끌고 갔지만 결국 소송에서 패했다. 그녀는 눈물을 머금고 그 집을 팔았고 나는 급하게 다른 집을 찾아야 했다.

할아버지가 빌린 부동산 대출을
손자가 갚는다

스웨덴은 1980년대 세계화 추세에 맞추어 금융시장의 자유화를 추진했다. 해외에서 유입된 자금이 부동산 시장에 거품을 만들자 경기 과열을 우려한 정부는 정책금리를 가파르게 인상했다. 그러나 그 결과 집값은 속절없이 떨어졌고 빚 감당을 하지 못한 가계는 쓰러졌으며 연쇄적으로 은행들까지 부실화됐다.

1991년부터 3년간 스웨덴은 마이너스 성장을 기록했다. 우리나라가 IMF 외환위기를 겪던 1998년 당시에 마이너스 성장(-5.5%,

한국은행 발표)을 1년간 기록했다는 것을 생각해보면, 3년 연속 마이너스였던 스웨덴 경제가 당시에 얼마나 큰 타격을 받았던 것인지를 짐작해볼 수 있다.

오랫동안 스웨덴 사람들에게 주택은 재테크의 대상이 아니었다. 버블 붕괴 과정에서 경험한 위험자산에 대한 트라우마도 있었지만, 주택 매매에 따른 세금과 규제가 많아 시세차익을 기대하기 어려웠기 때문이다. 그러나 한동안 잠잠했던 스웨덴의 집값이 다시 꿈틀대고 있다.

주택가격은 지난 10년 동안 매년 10%씩 올랐다. 2007년부터 2016년까지, 스웨덴 근로자들의 평균 임금이 25%가 오르는 동안 스톡홀름의 아파트 가격은 107%가 올랐다.[25] 투기가 없을 것만 같은 나라 스웨덴에서 집값이 이렇게 오른 이유는 무엇일까.

2014년 스웨덴 중앙은행은 경기 부양을 위해 마이너스 금리를 채택했다. 덕분에 대출금리는 역대 최저로 떨어졌다. 주택담보대출의 이자율이 1%대로 매우 낮은 데다 대출이자에 대한 비과세 혜택까지 주어졌으니 돈을 빌리는 것이 거저나 다름없을 정도였다. 대출 규모는 대출자의 조건에 따라 LTV가 최대 85%까지 높았으며 평균적인 대출상환기한은 무려 140년에 달했다. 차주가 사후에 집과 대출을 남기면 그 대출은 상속인이 갚는 식이었다. 대출을 받아 집을 구입한 조부모가 죽으면 손자 세대에서 그 빚을 겨우 갚을 정도가 되는 것이다. 이처럼 초장기에 걸쳐 상환기간을 늘린 것은 월

상환금 부담을 최소화하기 위한 목적이었다. 또한 차주가 원할 경우 이자만 납입할 수 있는 장기 거치도 허용되었는데, 2014년 기준 신규대출의 1/3은 이자만 상환하고 있는 것으로 파악됐다.

스웨덴 사람들은 적극적으로 대출을 받아 집을 샀다. 대출이 집값을 밀어 올리자 더 많은 사람들이 가격 상승을 기대하며 경쟁적으로 주택 구입에 뛰어들었다. 높은 소득세로 인해 저축이 어려운 스웨덴 중산층에게 부동산은 유일한 자산 증식의 기회가 됐다.

문제는 가계부채다. 스웨덴의 가계부채비율은 추세적으로 상승하고 있다. 가처분소득 대비 가계부채비율은 2019년 기준 188%로 OECD 국가 중에서도 매우 높은 수준에 달한다. 이는 가계가 갚아야 할 빚이 연간 수입에서 세금, 이자비용 등을 제외하고 남은 소득의 두 배에 가깝다는 뜻이다. 심지어 가계부채 증가 속도는 소득 증가의 속도를 추월하며 부채 구조를 악화시키고 있다.

전문가들은 스웨덴 경제의 가장 큰 뇌관으로 가계부채 부실을 지목한다. 빚에 기반한 부동산 버블은 언제 터질지 모르는 시한폭탄이다. 스웨덴의 현 상황은 2008년 미국의 서브프라임 모기지 사태를 연상케 한다. 스웨덴의 사회적 안전망이 아무리 탄탄하다 하더라도 스웨덴 가계가 소득 대비 과도한 부채 부담을 지고 있다는 사실은 경제에 큰 부담으로 작용할 수밖에 없다.

결국 2016년 스웨덴 의회는 부동산 열풍을 잠재우기 위한 목적으로 주택담보대출의 상환을 105년 이내로 제한하는 법을 채택

주요국의 가처분소득 대비 가계부채비율(2020년)

덴마크	259%
노르웨이	246%
한국	201%
스웨덴	200%
일본	114% (2018년 기준)
미국	105% (2019년 기준)

출처: OECD**26**

했다. 오타가 아니라 105년이 맞다. 그리고 중앙은행 역시 2019년 12월 기준 금리를 0%로 올리며 5년 만에 마이너스 금리정책의 종식을 선언했다.

이처럼 정부가 주택담보대출비율을 확대하고 모기지 대출기한을 100년 이상으로 장기화해 상환금 부담을 낮춘 것은 궁극적으로 국민들의 자가 소유를 촉진시키는 데 그 목적이 있다. 정부는 이렇게 주택 수요를 분산시켜야 수요과잉 문제를 해결할 수 있다고 믿었다. 그러나 공급 확대라는 전통적인 방법을 도외시한 채 수요 측면에서만 해법을 찾으려 하던 정부의 정책은 오히려 집값에 거품을 키웠을 뿐이다.

지상낙원은
없다

스웨덴이라는
반면교사

사실 스웨덴은
사회주의 국가가 아니다

사회주의는 스펙트럼이 넓다. 소련이나 쿠바, 베네수엘라와 같은 사회주의도 있고 북유럽 복지국가들과 같은 '민주적' 사회주의도 있다. 이 중에서 이른바 진보를 자처하는 많은 사람들이 바람직한 국가모델로 꼽는 것은 후자다. 이들에게 북유럽식의 사회(민주)주의 체제는 정부 규제를 통해 기울어진 운동장을 바로잡고, 부자증세를 통해 부의 쏠림을 막으며, 대기업의 성과를 중소기업에 재배분하여 모두가 상생할 수 있는, 따뜻함이 넘치는 이미지로 그려진다.

스웨덴에 대한 관심은 한국 진보주의자들만의 것은 아니다. 2016년과 2020년, 미국 민주당의 대선 경선후보였던 버니 샌더스**Bernie Sanders** 상원의원 역시 스스로 사회주의자임을 자처하며 미국이 북유럽식 정책을 지향해야 한다고 주장한 바 있다. 그렇다면 이들이 '다른 사회'로 주목하고 있는 스웨덴은 정말 사회주의 국가가 맞을까.

1970년대 들어 스웨덴 정부는 부자증세, 큰 정부, 노조 권리 강화와 같은 사회주의적 이상을 꿈꾸기 시작했다. 당시 스웨덴의 경제자유도는 미국 등 자본주의 국가들에 꽤 뒤처지는 수준으로 10점을 기준으로 했을 때 절반을 겨우 넘기는 정도였다. 경제자유도란 개인이나 기업이 자유로운 경제활동을 통해 경제적 이익을 어느 정도까지 추구할 수 있는지를 지수 형태로 측정하는 개념이다.

그러나 사회주의 체제의 지속은 오래가지 못했다. 경제성장이 눈에 띄게 느려지기 시작했기 때문이다. 결국 1980년대 이후 정치인들은 기존의 스웨덴식 모델에 신자유주의 요소를 가미한 구조개혁에 나섰다. 금융부문을 위주로 한 대대적인 개혁이 실시되자 스웨덴의 경제자유도는 무서운 속도로 미국을 뒤쫓기 시작했다. 본격적으로 신자유주의의 시대를 연 미국의 레이건 정부가 경제자유도 점수를 0.5점 높이는 동안 스웨덴은 그 점수를 무려 1.5점가량이나 올렸다는 점에서 당시 스웨덴에서 이뤄진 개혁의 강도와 속도가 얼마나 매서웠는지를 짐작할 수 있다.

스웨덴과 미국의 경제자유도

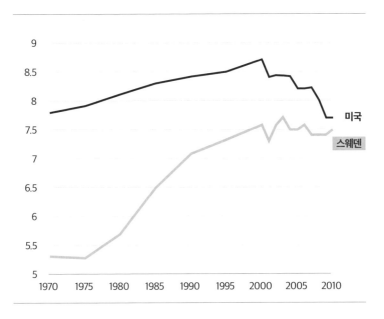

출처: 캐나다 프레이저 연구소

    1990년대 들어서는 개인소득세와 법인세 인하를 골자로 한 세제 개편에 이어 공공분야에 경쟁 원리가 도입됐고, 실업수당이나 질병수당의 급부율을 인하하는 등 전통적인 사회보장 혜택의 삭감이 단행됐다. 1980년대 중반 이후, 그리고 1990년대 들어 본격적으로 추진된 시장개혁은 그 방향이 변하지 않은 채 오늘날까지도 이어지고 있다.

    스웨덴 경제의 근간은 수출이고 그 활동주체는 대기업이다. 그래서 정부는 대기업을 더 크게 키우는 것을 성장정책의 1순위로 삼았다. 차등의결권 제도처럼 1주1의결권의 주주평등 원칙을 위반하는 특혜를 제공하기도 했지만 전반적으로는 감세 정책을 통해 기업 투자를 유인하고 임시직(비정규직) 고용비율을 높여 기업의 부담을 덜어주는 한편 노동시장의 유연성을 확보하는 시장친화적인 정책을 펼쳤다. 스웨덴 전체 고용자 중 임시직의 비율은 15.4%로 미국(4%)이나 OECD 평균(11.4%)을 단연 앞선다.[1] 스웨덴에는 법정 최저임금제도마저 없다.

스웨덴 정부의 친시장 정책은 여러 연구기관의 조사 결과에서도 여실히 드러난다. 스위스의 국제경영개발대학원IMD은 매년 경제성과, 정부효율성, 기업효율성, 인프라의 4대 주요 지표를 분석하고 이 결과를 바탕으로 국가별 경쟁력 순위를 매기고 있다. 2020년 기준 전 세계에서 가장 경쟁력이 높은 국가로는 싱가포르가, 그리고 그 뒤를 덴마크, 스위스, 네덜란드, 홍콩, 그리고 스웨덴이 이었다. 스웨덴은 비록 세금 정책(56위), 물가(40위), 고용(39위)에서 낮은 평가를 받기는 했지만, 전반적으로는 경제성과, 정부효율성, 기업효율성, 그리고 인프라에서 고루 높은 점수를 기록해 전체 6위를 차지했다. 이는 미국(10위)이나 한국(23위)에 비해 훨씬 앞선 기록이다. 기업하기 좋고 투자하기 좋은 비즈니스 환경을 만든 스웨덴 정부의 노력이 빛을 발하고 있는 것이다.

스웨덴은 OECD 상품시장규제PMR 지수에서도 OECD 평균

(1.38)보다 낮은 1.11의 훌륭한 성적을 기록하고 있다. PMR 지수는 국가 간에 상품시장에 대한 규제 수준을 비교할 수 있도록 OECD에서 고안한 지표로 점수가 클수록 규제의 강도가 강하다는 뜻이다. 만점은 6점이다. 스웨덴은 특히 PMR 지수의 하위항목인 기업경영에 대한 규제, 가격 규제, 무역투자에 대한 규제 수위 등에서 OECD 선진국 중 가장 훌륭한 점수를 받은 것으로 드러났다. 그만큼 스웨덴에서 사업을 벌이고 있는 기업들은 정부의 불필요한 간섭과 규제에서 해방되어 있다는 의미다. OECD 국가 중 기업경영 간섭, 무역투자 장벽에 대한 규제가 가장 강한 편으로 조사된 한국(PMR 지수 1.71)의 상황과도 차이가 있다.

적어도 19세기 중후반 이후의 시기를 고려할 때, 스웨덴은 경제 정책에서 전반적으로 시장경제체제를 적극적으로 활용하는 국가였다. 현재 스웨덴의 경제체제에서 자유주의와 구분되는 사회주의적 요소는 GDP 대비 조세 비중과 정부지출 비중이 50%에 육박하거나 이를 상회할 정도로 높다는 것 정도다. 그러나 스웨덴의 높은 세율조차 근로소득세와 소비세 정도에 적용될 뿐, 법인세나 이자소득·배당소득과 같은 자본에는 오히려 예외를 둔다. 이처럼 세금이 자본보다 노동을 중심으로 부과되어 부자들이 평범한 근로자들보다 상대적으로 세금을 덜 내는 구조라는 사실은 우리가 기존에 가진 사회주의에 대한 통념과도 정면으로 배치된다. 재벌 중심의 경제구조나 입헌군주제의 정치체제 역시 사회주의와는 어울리지 않는 요소다. 스웨덴은 정부의 규제나 개입이 강하게 남아 있고 기업과 부자들이 벌어들인 부를 국가가 나서 가난한 이들에게 재분배하는, 우리가 흔히 생각하는 사회주의의 개념을 실현하는 국가가 아니다. 어떤 면에서는 자본주의의 종주국 미국보다 더욱 자본주의적인 국가다.

시장은
항상 옳다

19세기 중반까지만 해도 스웨덴 국민들의 평균소득은 전 세계 평균과 비슷한 수준이었다. 유럽에서는 가난한 편에 속했다. 그러나 19세기 중후반부터 60여 년에 걸쳐 서유럽에서 가장 높은 수준인 평균 2%대 성장률을 기록하며 비약적인 경제성장을 한다. 이 시기 스웨덴은 자유로운 기업 활동을 보장하고 대외지향적인 개방경제 체제를 유지하던 시장경제 국가였다. 1870년 스웨덴의 GDP에 대한 재정 비중은 불과 5.7%로 정부의 운영이 세상에서 가장 작고 효율적인 편에 속했다. 당시 미국의 재정 비중은 GDP의 7.3%였다.

새로운 서비스와 기업들이 대거 등장했던 것도 바로 이 시기였다. 아트라스콥코, 에릭손, 스칸스카, SKF, 일렉트로룩스 등 스웨덴을 대표하는 이들 기업들은 19세기 후반부터 20세기 초반에 걸

전 세계 1인당 GDP 대비 스웨덴의 1인당 GDP 비율

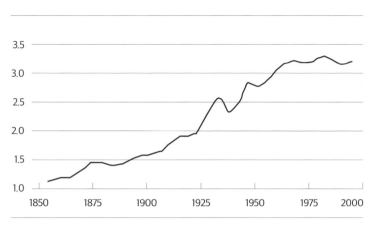

출처 : Schon**2**

서유럽 선진 16개국 평균 대비 스웨덴의 1인당 GDP 비율

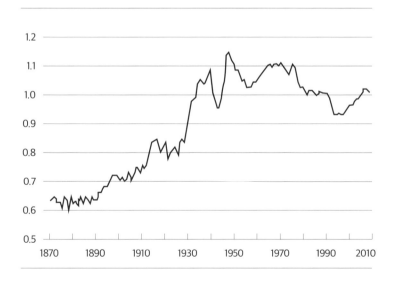

출처: 한국경제연구원**3**

처 설립된 이후 자유주의 경제체제 하에서 오늘날의 모습으로 발전했다. 수출 대기업의 등장과 성장은 경제에 새로운 동력이 됐다. 1870년까지만 해도 서유럽 선진국 평균 대비 0.6 수준에 불과하던 스웨덴의 1인당 GDP는 1930년에 이르면 이들 국가의 평균에 수렴하는 수준으로 빠르게 성장한다.

스웨덴은 1차 세계대전에 이어 2차 세계대전에서도 사실상 전쟁으로부터 한 걸음 물러나 있었다. 중립을 표방했지만 독일군이 스웨덴 영토를 거쳐 노르웨이로 군 병력을 수송하고 스웨덴의 영공과 영해를 이용해 핀란드를 침범하도록 허락했고,[4] 독일에 철광석을 수출하며 독일군이 군수물자를 제조하는 것을 묵인했다. 전쟁이 종결된 후 다른 유럽 국가들이 초토화된 국토를 수습하고 복구와 재건에 힘쓰는 동안, 스웨덴은 중립국 지위를 통해 보존된 산업시설을 활용하여 다른 유럽 국가들보다 한발 앞선 출발선상에서 경제발전을 지속할 수 있었다. 또한 전후 유럽과 일본, 미국에서 재건 및 경제성장 등의 이유로 원자재 수요가 폭증하자 국제무역에서 강력한 경쟁자 없이 철광석, 목재 등의 원자재 수출로 막대한 이익을 벌어들일 수 있었다.

부가 쌓이니 자연스레 복지에 대한 관심도 커졌다. 사민당은 스웨덴 복지의 큰 틀이 되는 제도를 만들기 시작했다. 그러나 그렇다고 정부가 시장친화적인 정책을 버린 것은 아니었다. 정부의 개입과 간섭은 외환 규제 등 일부의 분야에 국한됐고 정부지출 역시

1950년부터 1970년까지 GDP의 30%를 넘지 않을 정도로 그 규모가 크지 않았다. 같은 기간 미국은 이 비율이 33.6%에 달했다.[5]

시장자유주의 체제와 복지모델이 공존했던 1950~1970년대 스웨덴의 경제성장률은 서유럽 다른 국가들의 평균과 비슷한 수준으로 유지됐다. 이전의 시기에 비해서는 성장률이 둔화되는 조짐이 보였지만 경제성적표가 나쁜 편은 아니었다. 1970년 즈음에는 세계에서 부유한 국가 순위 3~4위를 기록하며 1인당 GDP가 OECD 평균의 약 9%를 상회하는 우등생일 정도였다.

그러나 그 이후부터 경제가 저성장 기조에 접어든 조짐이 확연히 나타나기 시작했다. 1970~1993년의 기간 동안 스웨덴의 GDP 증가율은 OECD 국가 평균 증가율의 절반에 그쳤을 뿐만 아니라 1인당 GDP 순위 역시 급락을 면치 못했다. 1970년 전 세계 3, 4위를 기록하던 성적은 1993년 17위로 추락했다. 당시 스웨덴의 1인당 GDP는 OECD 평균보다 무려 12%가 낮았다.[6] 한때 세계 최고 수준의 고소득 국가로 손꼽혔던 스웨덴에 무슨 일이 일어난 것일까.

스웨덴의 복지제도는 1930년대 사민당이 정권을 잡으면서 구체화됐다. 그러나 제도의 본격적인 정착이 집중적으로 이루어진 시기는 1960~1970년대다. 다른 선진국들과 확연한 차이를 보이는 '스웨덴식 모델'을 완성하게 된 것 역시 이 무렵이다. 스웨덴식 모델은 높은 과세와 정부의 대대적 개입, 노조의 막강한 권한, 그리고 광범위한 복지시스템을 통한 재분배를 특징으로 한다.

이 기간 동안 사민당은 보편적 복지국가의 구축을 목표로 관련 지출을 크게 증가시켰다. 당시 연금을 제외한 사회보험의 소득대체율은 80~90% 수준에 달했으며, 실업급여 수급 기간 연장, 은퇴연령 하향 조정, 산업재해 수당 및 연금자격 대폭 확대 등 복지정책이 관대하고 넓은 범위로 확대됐다.[7] GDP의 30%대를 밑돌던 정부지출이 1980년대 말에 이르면 60%를 넘을 정도로 정부의 규모와 권력이 비대해졌고, 노조의 권한은 기업을 위협할 정도로 강화됐다.

보편적 복지를 위한 재원은 증세를 통해 마련됐다. 1970년대 스웨덴의 세금은 그야말로 엄청났다. 부유세, 상속세와 같은 부자세금이 급격히 인상됐고, 소득세는 최고 87%에 달하는 수준까지 올랐다. 당시 스웨덴의 살인적인 증세정책으로 인해 〈삐삐 롱스타킹Pippi Lngstrump〉(1945)을 집필한 스웨덴의 유명 동화작가 아스트리드 린드그렌이 소득 대비 102%에 달하는 세금을 부과받았다는 이야기는 매우 유명하다.

그녀는 세금폭탄에 대한 분노로 〈돈의 나라에 사는 폼페리포사 Pomperipossa i Monismanien〉(1976)라는 풍자동화를 발표한다. 주인공인 동화작가 폼페리포사는 책을 팔아 200만 크로나의 인세를 벌었지만 세금을 제하고 나니 겨우 5,000크로나에 불과한 실수령액을 손에 쥐게 되었다. 일을 하여 돈을 버는 것보다 오히려 기초생활수급자로 보조금을 받고 노는 편이 수입이 더 나은 상황이 된 것이다. 그녀가 이런 생각을 하며 자괴감에 빠져 있는 사이 국세청에서 나머지 5,000크로나에도 세금이 발생했다는 통지가 날아온다. 결국 그녀는 소득 200만 크로나에 대해 200만2,000크로나의 세금을 내야 하는 처지가 되었다. 이 책에 등장하는 200만 크로나의 수입은 실제 린드그렌의 인세 소득이었다고 한다. 사실 세금이 100%를 넘는 것은 불가능하므로 그녀가 주장한 102%의 세금은 여러 종류의 세율을 단순 합산해 잘못 계산한 결과일 수 있다. 한 가지 확실한 점은 당시 스웨덴의 세금이 지나치게 높았다는 사실이다.

이 기간 동안 스웨덴은 많은 기업과 저명한 인사들을 잃었다. 이케아의 창립자인 잉바르 캄프라드는 높은 세금을 피해 덴마크로 이민을 결심했고, 유명 영화감독 잉마르 베리만은 국세청과 세금 탈루 혐의로 갈등이 불거지자 독일로 떠났다. 이들이 떠나간 빈자리는 아무도 채우지 못했다. 새로운 기업의 탄생조차 줄어들었다.

정부의 적극적인 재정정책은 시장에서 민간을 쫓아내는 이른바 구축효과crowding out를 불렀다. 1950년부터 2005년까지, 스웨덴의 인구가 700만에서 900만 명으로 증가하는 동안 민간 부문에서 순창출된 일자리의 개수(신규 일자리 - 소멸 일자리)는 0에 가까웠다. 새로운 일자리는 주로 사회복지 서비스 영역에서 창출됐으니 증가한 노동력은 결국 공공부문에서 모두 흡수한 셈이었다.[8]

1973년 발발한 1차 오일쇼크는 엎친 데 덮친 격이 됐다. 이미 고임금 등 구조적인 문제로 경쟁력을 상실하고 있던 스웨덴 경제는 글로벌 경기불황으로 인한 조선, 철강 등 주력산업의 침체까지 겹치자 더욱 불황의 늪으로 빠졌다. 정부는 경제의 기초체력을 강화하기보다는 정부보조금이라는 산소호흡기로 사양 산업을 연명하게 하고 수출기업을 위해 크로나의 평가절하를 유도하는 임기응변식 정책을 택했다. 여기에 1980년대 중반 들어 실시된 금융자율화 정책은 대출 급증을 불러 1985~1990년의 5년 동안 스톡홀름의 부동산 가격을 무려 64%씩이나 올렸을 정도로 부동산 투기 과열을 키웠다.[9]

거품이 꺼지자 위기가 찾아왔다. 1991년부터 1993년까지 스웨덴은 3년 연속 마이너스 성장을 기록했고 1991년 3.3%였던 실업률은 2년 뒤 9.5%, 그리고 그로부터 1년 뒤 9.8%라는 최악의 성적표를 받았다. 이를 두고 스웨덴의 저명한 경제학자 아사르 린드벡**Assar Lindbeck**은 "스웨덴의 실험이 실패했다"[10]고 선언했다. 과도한 복지제도로 인한 생산성 하락으로 인해 스웨덴식 복지 모델이 성장동력을 잃고 한계에 직면했다는 것이다.

1990년대 초 스웨덴 경제가 마이너스 성장을 기록한 이후 정부는 기존의 스웨덴식 모델에 신자유주의 요소를 가미한 대대적인 경제개혁에 나섰다. 실업수당과 질병수당이 깎였고, 연금급여액을 낮추는 것을 골자로 한 연금 개혁이 실시됐다. 개인소득세 인하(최고세율 87% → 약 50%), 자본이득세·주식배당금·이자소득세율 30%, 법인세 인하(40% → 30%) 등을 골자로 한 세제 개편이 실시됐고,[11] 통

스웨덴의 경제지표(1991~1994년)

구분	1991	1992	1993	1994
GDP성장률	-1.1%	-1.3%	-2.0%	4.2%
실업률	3.3%	5.8%	9.5%	9.8%
재정적자(GDP 대비)	-0.1%	-9.0%	-11.4%	-9.3%

출처: 주OECD대표부**12**

신, 철도 등 국가가 독점하던 공공부문에 대한 민영화가 진행됐으며 다년도 예산제도의 도입을 통해 정부 재정의 건전성을 확보했다.

개혁이 가져온 효과는 컸다. 정부의 재정수지, 부채, 경제성장률, 실업률 등 거의 모든 경제지표가 크게 호전됐다. 대기업들의 수출이 살아났고, ICT와 같은 기술집약적 산업이 고도화되며 경제성장을 견인했다. 1993년부터 2006년까지 스웨덴의 평균 경제성장률은 2.8%로, 서유럽 선진 15개국의 2.21%를 훌쩍 넘어섰다.**13**

스웨덴은 2007년 미국발 글로벌 금융위기나 2010년 유럽 재정위기 상황에서도 다른 유럽 국가들에 비해 안정적인 성장세를 기록했다. 1990년대 금융위기를 거치며 뼈를 깎는 개혁조치를 시행했던 것이 새로운 위기 상황 아래 저력을 발휘한 것이다. 특히 스웨덴 정부는 2009년 리먼 쇼크로 스웨덴을 대표하는 자동차 회사 볼보와 사브가 위기에 처했을 때조차 구제조치를 취하지 않았다.

1970년대 무너지는 제조업을 살리기 위해 공적자금을 쏟아 부었지만 결국 실패로 돌아간 경험 때문이다. 정부는 국가의 개입보다 시장과 민간의 힘을 믿었다. 그래서 한계 기업은 구제하지 않는다는 강고한 원칙 아래 개입을 최소화했고 결국 볼보를 중국에, 사브를 네덜란드에 팔았다.

19세기 후반부터 100여 년간 자유주의 정책을 적극적으로 도입했던 스웨덴은 미국과 다른 유럽국가들을 압도할 정도의 빠른 경제성장을 보였다. 평탄한 성장세는 복지제도의 기틀이 잡히기 시작하던 1970년대 초까지 계속됐지만 그 이후 사회주의 정책과 보편적 복지제도를 완성하게 되면서 그 추세가 확연히 느려지기 시작했다. 그러나 1990년대 이후 다시 시장친화적인 개혁정책을 도입하면서 가까스로 경제를 반등시키는 데 성공할 수 있었다.

하지만 스웨덴은 아직까지도 1970년 즈음의 전성기 수준을 회복하지 못하고 있다. 여전히 강대국이지만 그 힘은 예전 같지 않다. 흔히 스웨덴을 가리켜 성장과 복지의 두 마리 토끼를 동시에 잡은 성공모델이라는 칭송을 보내지만, 엄밀히 말해 성장의 측면에서 스웨덴을 포함한 유럽은 미국과의 경쟁에서 점점 뒤쳐지고 있다. 애플, 구글, 아마존, 마이크로소프트, 페이스북 등 세계적인 정보기술 IT 기업들을 키워내며 빅테크 시대를 연 미국에 어깨를 견줄 수 있는 기업이 유럽에는 없다. 자동차 등 전통적인 산업에서는 아직 건재하지만 파괴적인 혁신이 필요한 4차 산업혁명 부문에서는 미국에 주도권을 빼앗긴 상태다. 그 사이 바이두, 알리바바, 텐센트 등 기술 대기업들을 앞세운 중국조차 미국과 경쟁구도를 형성하며 G2(주요 2개국)로 부상했다. 이는 결국 아무리 친시장·규제 완화라는 정책적 방향이 있다 하더라도 고부담－고복지의 사회민주주의 체제를 지탱하는 것이 시장의 활력과 경제성장에 부담으로 돌아온다는 의미일 수 있다. 더구나 다수의 평범한 노동력이 아니라 소수의 뛰어난 인재가 견인하게 될 미래의 기술혁신은 평등을 우선시하는 사민주의와 어울리지 않는다.

물론 스웨덴 경제의 흥망성쇠를 모두 자유주의와 사회주의라는 이념적 대결로만 설명할 수는 없다. 그러나 역사적으로 스웨덴 경제가 흥하던 시절에는 자유주의가, 침체되던 시절에는 사회주의적 이념이 폭넓게 받아들여졌다는 점에는 주목할 필요가 있다.

성장이 먼저일까,
복지가 먼저일까

스웨덴의 사회민주주의 체제를 옹호하는 이들은 복지가 성장의 수단이라고 말한다. 정부가 세금을 걷어 이를 복지국가 시스템을 통해 재분배하면 생산성 향상에 기여할 수 있다는 것이다. 반면 자유시장경제를 지향하는 이들의 입장에서 스웨덴의 복지시스템은 성장의 결과물이다. 경제성장으로 쌓은 부를 활용해 복지국가를 만들었을 뿐, 복지국가의 형성이 경제의 성장에 기여하지는 않는다는 것이다. 어느 쪽의 의견이 더 타당한지에 대해 우리는 이미 답을 알고 있다.

스웨덴은 복지제도를 도입하고 나서 번영한 것이 아니다. 그들은 자본주의 경제체제를 유지하면서 낮은 세금과 미약한 수준의 복지를 시행했던 20세기 중반 이미 경제부국의 위치에 있었다. 집권여당이었던 사민당이 성장의 과실을 활용해 일관되고 안정적인 복지모델을 구축한 것은 그 이후의 일이다. 즉 자유경제체제와 스웨덴만의 역사적 우연을 통해 오랜 기간 막대한 부를 축적한 후 그 부를 쓰고 싶은 욕구가 분출된 결과가 바로 스웨덴식의 복지모델이다.

스웨덴은 고부담－고복지 정책 덕분에 경제성장을 이룬 것이 아니라, 그럼에도 불구하고 경제성장을 이룬 것이다. 시장친화적인 요소 때문에 성장했고 이러한 요소들이 복지로 인한 부작용을 일부 상쇄한 것이다. 스웨덴이 더욱 작은 정부를 추구했으면 지금보다 더 잘사는 나라가 되어 있었을지도 모른다. 복지국가로 본격적인 확장을 시작한 1970년대 이후 경제의 성장세가 눈에 띄게 둔화됐던 것이 바로 그 증거다.

스웨덴의 경제사는 사회주의의 성공 역사가 아니다. 1980년대 영국의 마거릿 대처 총리와 미국의 로널드 레이건 대통령이 보여준 바와 같이, 자본주의의 성공 역사다. 스웨덴의 사회주의는 1970~1980년대에 이미 처참한 실패로 끝났고, 그 이후 경제에 신자유주의적인 요소를 적극적으로 도입하는 쪽으로 정책 방향을 틀었다.

그럼에도 불구하고 아직까지 한국의 많은 정치인들은 영미식 신자유주의에 대한 새로운 대안으로 스웨덴식 사회주의 모델을 꼽는다. 이들은 이미 실패로 끝난 스웨덴의 과거 모델에 아직도 매달려 있다. 그리고 스웨덴의 친시장·친기업 정책은 애써 못 본 척한 채 대기업과 중소기업 간의 동반성장, 소득주도성장 등 그럴듯한 좋은 말들만 늘어놓는다.

사실 이들 정치인들이 롤 모델로 삼는 스웨덴은 정부의 개입이 거대해지면 어떻게 경제성장이 정체될 수 있는지에 대한 좋은 사례일 뿐이다. 스웨덴의 역사는 비록 혁신과 개방으로 성장 동력을 마련했더라도 정부가 비대해진 후 그 힘을 잃게 된 사례로, 우리에게는 반면교사로 삼아야 할 대상이다. 성장의 동력 없이 큰 정부와 강력한 복지시스템이 가져올 영향을 알아보고 싶다면 스웨덴이 아니라 이탈리아나 그리스의 사례를 살펴보는 편이 더 낫다.

복지국가의 조건

스웨덴식 복지 모델이
한국에 뿌리내릴 수 없는 이유

복지국가는 돈이 많이 든다. 재원은 물론 국민들의 세금이다. 납부된 세금이 복지로 돌아오고, 복지의 수혜를 입은 국민은 다시 일을 하며 세금을 납부하는 선순환의 고리가 생겨야 시스템이 굴러갈 수 있다. 그래서 북유럽식 복지체제 구축에 성공하기 위해서는 몇 가지 전제조건이 필요하다.

우선 완전고용에 가까운 노동시장을 갖춰야 한다. 경제활동이 가능한 모든 국민이 노동시장에 참여하며 세금을 납부해야 보편적 복지국가 구축에 필요한 재원을 마련할 수 있다. 무임승차자가 많으면 그만큼 세수에 누수가 생긴다.

스웨덴은 여성 고용률이 매우 높다. 노동 참가와 육아를 동시에 가능케 하는 복지서비스가 잘 구축된 까닭에 가정주부라는 개념 자체가 없을 정도로 여성의 사회 진출이 당연시된다. 심지어 은퇴연령인 65세 이후로도 일을 계속하고, 대학을 가지 않고 일찍 사회에 뛰어드는 사람도 많다. 일할 의지가 있는 구직자에 대해서는 국가 차원에서 새로운 기술을 습득할 수 있는 교육의 기회를 제공해 재취업을 하도록 독려한다. 이처럼 경제활동을 하는 인구가 늘어나면 이들이 내는 세금 역시 증가한다.

반면 우리나라에서는 병역의무, 각종 고시와 공무원 시험 준비 등으로 청년층의 사회 진출이 점점 늦어지는 추세다. 심지어 청년 구직자의 상당수는 잠정적으로 구직을 단념한 채 실망실업자로 전락하고 있다. 이들의 사회 진출이 늦어질수록 국가 재정의 측면에서 세수 확보가 어려워진다. 경력단절 전업주부, 이른 퇴직을 하는 40~50대 중장년층 역시 세수 부족을 야기하고 있다. 늘어나는 복지재정 수요를 감당하려면 이처럼 세수에 기여하지 않는 사회구성원들을 노동시장으로 복귀시키고 세금을 내도록 만들어야 한다.

문제는 한국에 이러한 구직자들을 모두 소화할 수 있을 만큼 양질의 일자리가 많지 않다는 것이다. 새로운 일자리가 늘어나려면 경제가 빨리 성장하고 기업들이 사업을 확장해야 한다. 그러나 한국은 외환위기 이전의 고성장 시대를 일찌감치 지나 이미 저성장 국면으로 접어들었다.

제조업은 여전히 일자리 창출의 핵심이지만, 조선과 철강 같은 노동집약적 산업은 값싼 인건비로 무섭게 추격해오는 중국 등 여러 나라들의 위협으로부터 자유롭지 못하다. 이들 기간산업이 경쟁력을 잃으면 그만큼 발생하는 잉여의 노동력은 다른 분야에서 흡수해줘야 한다. 하지만 차세대 신성장 산업은 그 특성상 제조업만큼의 일자리를 창출할 수 없다. 특히 정보기술 분야는 네트워크만 깔면 생산성이 증가하는 특성 때문에 '고용 없는 성장'을 낳는 대표적인 산업이다. IT산업이 발전한 핀란드와 같은 국가에서 청년 실업률이 높은 이유다. 그리고 신성장 분야의 스타트업을 육성하는 것이 다량의 일자리 창출로 이어지기 어려운 이유이기도 하다.

단순히 일자리만 창출한다고 해결되는 문제도 아니다. 높은 급여를 받는 양질의 일자리를 확대하는 것이 관건이다. 고임금 일자리가 세수 증가로 이어지는 선순환 체계가 만들어져야 한다. 그러나 여러 통계 자료에서 알 수 있듯 한국 근로자들의 노동생산성은 선진국에 비해 낮은 편이다. 그래서 긴 시간을 일하면서도 벌어들이는 소득이 높지 않다. 반면 복지천국이라 불리는 국가들은 높은 노동생산성이 뒷받침된 덕에 고임금 구조를 유지할 수 있어 그만큼 세금을 많이 거둘 수 있다.

양질의 일자리가 확보되더라도 일을 할 수 있는 경제활동인구가 충분치 않다면 그 역시 문제가 된다. 경제활동인구가 증가해야 세수가 늘어나고 재정수지가 건전해지기 때문이다. 그러나 한국은 세계 최저 수준의 출산율과 최고 수준의 고령화 속도를 기록하는 나라다. 이처럼 저출산으로 생산가능인구가 줄고 고령화로 사회복지비용이 급증하면 우리 경제에 부담이 커진다. 내수시장이 줄고 소비가 위축되며 경제성장률도 하락한다. 이 경우 조세수입이 줄어 복지재정을 뒷받침할 수가 없다.

또한 한국과 같은 소규모 개방경제 국가는 대외의존도가 높아 해외 변수에 취약하다. 예상치 못한 글로벌 경제위기가 국내로 전이되면 실업자 증가, 소비 감소, 기업 실적 악화 등으로 세수가 감소하고 재정적자가 심화될 수 있다. 그리고 이렇게 악화된 경제 여건 하에서는 복지체계를 유지하는 것이 어려워진다. 세수의 구멍을 메우는 것은 결국 증세이지만 손실된 세수를 서민의 부담으로 막는 것에는 한계가 있다.

또한 세수를 늘리기 위해서는 세금을 거두는 것 못지않게 탈세를 막는 것이 중요하다. 세금 새는 곳을 막기 위한 스웨덴 정부의 노력은 우리의 상상을 초월할 정도로 치밀하고 체계적이다. 세금집행기관인 국세청이 출생·결혼·사망신고 등 주민등록업무까지 수행하는 것은 사회 기능이 정상적으로 작동되는지를 전반적으로 감시하고 감독하기 위함이다. 국민들의 생년월일, 결혼 여부, 휴대폰 번호, 집 주소, 동거인 정보, 납세 정보 등 개인정보를 관리하고 모두에게 공개하는 것 역시 국세청의 몫이다. 이처럼 스웨덴 정부와 국민들이 국세청에 단순한 징세기관 이상의 권력을 부여하는 것은 탈세 행위를 선제적으로 포착하고 대응하기 위해서다.

반면 한국에서는 일부라 할지라도 현금 결제를 유도하고 돈을 차명계좌로 받아 소득을 탈루하는 자영업자들이 드물지 않다. 이들의 탈세 규모가 큰 탓에 유리지갑인 직장인들만 손해를 본다는 생각도 만연하다. 정부가 이러한 탈세 규모를 정확히 파악조차 하지 못하는 상황에서 국민들에게 섣불리 세금 부담을 늘린다면 당연히 조세저항이 거셀 수밖에 없다.

한국에서 직장인 중 세금을 납부하지 않는 면세자의 비율이 40%에 달할 정도로 지나치게 높다는 점 역시 세원 확보에 걸림돌이 된다. 면세자가 많으면 그만큼 근로소득세의 과세 기반이 크게 축소된다. 과세 형평성에도 맞지 않다. 스웨덴에서는 패스트푸드점에서 아르바이트를 하는 학생도 30% 수준의 근로소득세를 낸다.

한편 복지국가 구축에는 경제적 여건뿐 아니라 그에 걸맞은 국민성 역시 필요하다. 코로나19 팬데믹 상황에서 스웨덴 사람들이 취했던 태도를 떠올려보자. '집단면역'이라는 정부의 방침에 대해 많은 이들은 정부를 비난하는 것이 문제 대처와 해결에 도움이 된다고 생각하지 않았다. 그리고 불평불만 없이 정부의 방침에 협조했다. 스웨덴 사람들의 이러한 국민성은 스웨덴의 저명한 경제학자이자 1974년 노벨경제학상 수상자인 군나르 뮈르달Gunnar Myrdal이

꼼은 복지국가가 성공할 수 있는 가장 중요한 조건 중 하나이기도 하다. 스웨덴 국민들은 어떤 상황에서도 정부를 신뢰한다. 그래서 세금이 사라지는 것이 아니라 복지의 형태로 다시 돌아온다고 믿는다. 세율이 높아도 국민들의 조세저항이 크지 않은 이유다.

그러나 한국의 경우는 다르다. 국민들이 정부와 정치권에 대해 가지는 불신이 크다. 세금을 내 봤자 돌아오기는커녕 정부가 쌈짓돈처럼 사용해버릴 것이라고 생각한다. 표에 의해서만 움직이는 정치인들은 이미 국민들로부터의 신뢰를 잃어버린 지 오래다.

국민 간에 서로를 믿지 못하는 불신 역시 복지국가 구축에 걸림돌이 된다. 한국에서는 시간이 흐를수록 세대, 성별, 노사, 이념, 계층, 지역 간 갈등의 구조가 복잡해지고 있다. 얽히고설킨 갈등이 논쟁과 싸움으로 치닫는 상황에서는 구성원 간 공동체 의식이 생겨날 수 없다. 문제는 복지국가를 만들기 위해서 바로 이 공동체 의식이 중요하다는 것이다. 서로 간에 유대감이 강해야 더 많이 버는 이가 가난한 이를 기꺼이 도와줄 수 있기 때문이다.

이 상황에서 복지정책을 늘리는 것은 매우 신중하게 접근해야 한다. 복지는 한 번 생기면 없애기가 쉽지 않다. 심지어 지금의 복지구조를 계속 유지한다고 하더라도 몇십 년 후에는 국민들이 감당할 수 있는 한계를 뛰어넘는 순간이 온다. 재정은 화수분이 아니기에 지출이 증가하면 그 빈틈은 증세로 메워야 한다. 돈 낼 사람은 줄어드는데 돈 받을 사람만 많아지고 있는 상황에서 소수의 젊은이들에

게 다수 기성세대의 복지 부담을 떠넘기는 것이 정당화될 수 있을
지는 짚어봐야 할 문제다.

복지국가,
얼마나 지속가능할까

스웨덴이 1970년대 공고한 복지시스템을 도입할 수 있었던 배경
에는 19세기 중후반 이후 100여 년 동안 이어져온 전무후무한 경
제호황이 있었다. 스웨덴 정부가 자본 세력의 기득권을 인정해주는
정책을 펼친 것도, 대기업에 경영권 방어 수단을 인정해준 것도, 법
인세와 재산세를 낮춘 것도 궁극적으로는 경제성장과 부의 창출을
도모하기 위함이었다. 기업이 번 돈과 기업이 만든 일자리는 내수
활성화로 이어지고, 소득세와 소비세를 중심으로 한 세수를 증가시
켜 복지서비스를 위한 재원을 마련할 수 있기 때문이다.

이처럼 복지정책의 관건은 지속적인 생산성 향상과 경제성장이
다. 성장과 복지는 아귀가 잘 맞아야 하는 톱니바퀴와 같다. 하나가
맞물리지 않으면 돌아가지 않는다. 그래서 경제위기는 또한 복지체
제의 위기이기도 하다. 코로나19 팬데믹 사태로 유럽 전역이 봉쇄
를 택했을 때 스웨덴이 나홀로 집단면역 조치를 취했던 이유 역시
성장 동력을 잃지 않으려는 정부의 몸부림이었을지도 모른다. 국가

폐쇄로 경제가 멈추면 세금이 걷히지 않고 기존의 사회보장제도들이 무리 없이 운영되기 힘들어지기 때문이다. 그래서 스웨덴의 정치인들은 경제성장률이 0에 수렴하거나 마이너스로 전환되는 상황만은 끝까지 막으려 했을 것이다.

그러나 경제가 성장 단계를 지나 성숙 단계로 진입하면 필연적으로 경기 둔화가 발생할 수밖에 없다. 저출산 고령화로 경제활동인구가 줄고 임금, 원자재 가격 등 생산비용이 올라 투자가 둔화되기 때문이다. 역사적으로도 미국, 일본, 북유럽 등 선진국으로 분류되는 국가들은 빠른 성장기를 지난 이후 경제성장률이 지속해서 낮아지는 추세를 보였다. 그래서 아무리 생산성 향상이 빠르게 일어나더라도 GDP성장률 3%대를 넘기기가 어렵다.

이처럼 경제성장의 속도가 느려지면 일자리도 감소한다. 스웨덴의 전체 실업률은 2019년 기준 6.7%로 OECD 평균 5.4%를 넘어서고 있다. 특히 청년층(15~24세)의 고용불안 수준은 전체 실업률을 크게 상회하는 21.9%를 기록하고 있다. 이는 OECD 평균(13%)을 크게 웃도는 수치[14]로 청년층 5명 중 1명은 사실상 실업 상태라는 뜻이다. 그리고 실업률이 높다는 것은 청년층 인구가 줄어드는 속도보다 민간 경제의 위축으로 인한 일자리 감소폭이 더 크다는 의미다.

스웨덴뿐 아니라 선진국에서 공통으로 등장한 저성장, 저출산, 그리고 고령화의 징후와 양상은 앞으로 복지체제에 근본적인 개혁을 불러올 수밖에 없다. 스웨덴식 모델은 20세기 중후반 고도성장이 가능했던 시절에 만들어진 것이다. 내외부의 상황이 경제 발전에 유리하게 전개되던 시절에는 복지정책에 집중하는 것이 가능했을지 몰라도 이제 그런 호시절은 끝났다.

같은 맥락에서 최근 우리나라에서 유행처럼 번지고 있는 보편복지, 기본소득과 같은 복지정책의 도입에 대해서도 신중하게 생각해볼 필요가 있다. 급격한 고령화가 진행되는 상황에서, 거듭 낮아지는 성장률에 저성장 추세가 고착화되어가고 있는 상황에서, 통일 이후까지 대비해야 하는 분단 상황에서 복지시스템을 구축하고 유지하는 것이 가능할지에 대해 보편적 복지 찬성론자들은 확답을 제시할 수 있을까.

미국보다 북유럽에서
자산소득의 격차가 심하다

흔히 스웨덴에는 심각한 경제적 불평등이 없을 것이라고 생각한다. 소득을 기준으로 계산한 지니계수에서 국민 간의 소득 수준이 균형 있게 분배되어 있기 때문이다. 그러나 빈부격차를 결정하는 것은 소득이 아니라 자산의 수준이다. 스웨덴에서 부의 지니계수를 계산하면 소득의 지니계수와 완벽하게 정반대의 결과가 도출된다. 평평한 근로소득을 가리켜 스웨덴을 세계적으로 가장 평등한 사회라고 일컫는다면 부분만 보고 전체를 보지 못하는 우를 범하는 것이다.

북유럽 국가에 존재하는 자산소득의 격차는 자본주의 국가들에 비해 훨씬 심각한 수준이다. 스웨덴에서 1,300억 원(10억 크로나) 이상의 부를 가진 상위 184명이 보유한 자산의 총합은 287조 원(2조 1,400억 크로나)으로 무려 이 나라 GDP의 절반 정도에 해당하는 엄청난 금액을 자랑하고 있다.[15] 스웨덴은 슈퍼 부자들의 수가 인구 대비 세계에서 가장 많은 나라 중 하나이기도 하다.

현재의 자산소득 격차보다 더 심각한 문제는 시간이 지남에 따라 이 간극이 점점 더 벌어질 것이라는 사실이다. 임금의 증가는 대체로 경제성장률에 준하거나 오히려 이를 하회하는 수준에 그치지만 자본의 증가 속도는 경제성장률을 훨씬 웃돌기 때문이다. 스웨덴의 슈퍼 부자들은 앞으로도 근로소득에 의존해 살아가는 이들보다 더 많은 부를 더 빨리 축적할 수 있을 것이다.

스웨덴의 세제구조가 처음부터 자산가에게 유리하게 설계되어 있었던 것은 아니다. 1970년대 스웨덴의 높은 세금은 악명이 높았다. 소득세 최고 세율이 87%에 달하는 전형적인 고부담 – 고복지 시스템이었다. 그러나 1990년대 최악의 경기침체가 찾아오자 스웨덴 정부는 세제 개편을 포함한 대대적인 경제개혁에 착수했다. 1911년 처음 도입되었던 부유세wealth tax를 1991년 2.5%에 이어 1992년에는 1.5%까지 낮추고, 1983년 70%에 달했던 상속세 역시 1992년에 이르면 30%까지 조정했다.

그러나 여전히 재산을 해외로 이전했던 이케아 창업주 잉바르 캄프라드, 테트라팩 창업주 루벤 라우싱과 같은 부자들은 고국으로 돌아오지 않았다. 결국 정부는 2000년대 중반 들어 상속세와 증여세의 폐지를 골자로 한 세제 개편을 단행했다.

2007년에는 부유세마저 폐지됐다. 당시 부유세 징수로 걷힌 세수는 연간 5,900억 원(45억 크로나)에 불과했으나, 부유세를 피하기 위한 부자들의 해외 자본도피 규모는 연간 195조 원(1조5,000억 크로나)에 달했다고 한다.[16] 고소득층의 자본에 세금을 매겨 공정 과세를 실천하겠다는 스웨덴 정부의 야심찬 계획은 오히려 자본유출이라는 더욱 큰 부작용을 겪은 후 역사 속으로 사라졌다.

보편적 복지를 통한 소득재분배 효과는 생각만큼 그리 크지 않다. 복지제도를 통해 가장 큰 수혜를 입는 집단은 가난한 이들이 아니다. 건강보험을 통해 건강한 사람이 아픈 사람에게, 실업보험을 통해 안정적인 직장을 다니는 사람이 그렇지 않은 사람에게, 그리고 국민연금을 통해 젊은 세대가 노인 세대에게, 단명하는 사람이 장수하는 사람에게 자신의 부를 재배분하는 것이다. 물론 미래에 발생할 수 있는 리스크를 적절하게 관리한다는 차원에서 복지제도는 의미가 있다. 그러나 가진 자로부터 물질적 부를 취해 갖지 못한 계층에게 나눠주는 목적을 달성하는 데 있어 복지제도는 그 역할을 제대로 수행해내지 못한다.

진보적 입장의 논자들은 자본주의가 중산층의 몰락을 가속화시킨다고 비판하지만 사회주의, 혹은 북유럽식의 사회민주주의 역시 이 비난에서 자유롭지 않다. 코로나19 팬데믹 과정에서 사회적·경제적 불평등이 악화되었다고 해서 그 원인을 자본주의 시스템 탓으로 돌리는 일부의 시각은 그래서 옳지 않다. 그 대안으로 제시되는 사회민주주의 체제 역시 자산 불평등으로 양극화가 이루어진 사회이기 때문이다. 부의 고른 분배가 정책의 목표라면 평등한 분배가 최우선인 계획경제를 실시해야 하겠지만 구소련, 북한, 쿠바와 같은 체제가 우리의 이상향이 될 수는 없을 것이다.

심지어 평등을 우선시하는 사회민주주의 국가에서조차 부자와 가난한 사람, 피부색이 다른 사람들끼리 서로 기대고 어우러져 평등한 사회를 만드는 것은 쉽지 않다. 스웨덴에서도 부촌과 빈촌은 뚜렷하게 분리되어 있다. 가장 가격이 비싼 지역은 스톡홀름 시내 중심가에 위치한 외스테맘, 바사스탄, 쿵스홀멘과 같은 곳들이다. 시내에서 조금 떨어진 리딩외와 단데리드의 고급주택단지도 전통적인 부촌으로 손꼽힌다. 이곳에 사는 이들은 집안 대대로 집을 물려받은 경우가 많다. 그래서 부촌에서는 매물 자체가 잘 나오지 않는다.

전형적인 상류층 출신들은 학비가 무료로 제공되는 일반 학교를 마다하고 연간 수천만 원의 학비를 지불하며 기숙학교나 국제학교를 선택한다. 졸업 후에는 주로 변호사, 금융인, 경영 컨설턴트 등의 고소득 엘리트 직업을 가지거나, 부모님의 사업을 물려받는 경우가 많다. 특히 추천서를 통해 취업하는 경우가 잦은 스웨덴에서는 비슷한 출신 배경이 큰 강점이 될 수 있다. 귀족 출신이라면 성(姓)에서부터 구분이 된다. 이들은 억양과 말투도 다르다.

반면 링케뷔와 같은 빈촌에는 주로 난민과 이민자들이 산다. 이들은 열악한 환경에서 몸을 써야 하는 직업을 담당한다. 귀천이 없다고는 하지만 일반적인 스웨덴 사람들이 꺼리는 직업으로는 청소부, 이삿짐센터 기사, 택시 기사, 베이비시터 등이 있다. 모두가 평등한 사회라는 것은 평등과 연대의 이념을 끊임없이 강조하는 스웨덴에서조차 이루지 못한 환상에 불과하다.

복지국가에 대한
착각과 환상

우리나라의 경제 규모 대비 복지지출은 경제협력개발기구OECD 국가 가운데 하위권을 벗어나지 못한다. 많은 이들이 이를 최소한 OECD의 평균 이상으로, 조금 더 진보적이고 급진적인 생각을 가진 이들은 스웨덴과 같은 북유럽 국가들의 수준까지 올려야 한다고 생각한다.

이들의 생각처럼 복지국가라는 유토피아는 현실 사회와 연결될 수 있을까? 자본주의 경제의 틀 안에서 국가가 개입해 분배를 개선하면 사회경제적 불평등, 가난의 대물림, 승자독식이 사라질까? 그래서 스웨덴식 모델은 영미식 신자유주의 모델에 대한 새로운 대안이 될 수 있을까? 그러나 우리는 이미 이 질문에 대한 답변을 알고 있다. 유토피아는 상상 속에서만 존재한다는 것을. 그리고 스웨덴식 복지모델을 향한 장밋빛 환상은 많은 부분이 미화되고 잘못된 이해에서 비롯됐다는 것을.

고부담 – 고복지 체제의 큰 문제 중 하나는 분배의 전달 과정에서 비효율이 발생한다는 것이다. 아무리 세금이 필요한 곳에 적법하고 투명하게 사용된다고 하더라도 국민들에게 재분배되는 과정에서 발생하는 비용을 막을 수는 없다. 사회복지가 확대되면 필연적으로 공공행정이나 보건복지 분야에서 일하는 공무원의 수가 늘어난다.

문제는 재정이다. 공무원은 돈을 쓰는 직업이지 돈을 만들어내는 직업이 아니다. 부가가치를 창출하지 않는다는 뜻이다. 경제를 살찌우는 민간영역의 고부가가치 일자리와는 다르다. 그래서 세금으로 유지되는 일자리는 결국 국민들이 떠안아야 할 짐이 된다.

스웨덴의 전체 고용 대비 정부 고용 비율은 29%로 OECD 국가 평균(18%)과 비교해 매우 높은 수준이다. 스웨덴뿐 아니라 노르웨이(30%), 덴마크(29%), 핀란드(25%) 등 고복지 체제를 구축한 북유럽 국가들은 모두 공공부문 고용이 전체의 30%에 육박하는 높은 비율을 기록하고 있다.[17] 민간영역에서 돈을 버는 사람 2명이 공 공부문에서 돈을 쓰는 사람 1명을 먹여 살리는 꼴이다.

정부 세금이 눈먼 돈으로 전락한 사례는 스웨덴 공기업 CEO 들의 높은 연봉에서도 살펴볼 수 있다. 스웨덴의 국영전력회사 바 텐팔Vattenfall의 CEO 안나 보리Anna Borg는 한 달 월급으로 무려 1억 7,000여만 원(131만9,500크로나)을 받는다.[18] 연봉으로 따지면 20억 6,000만 원에 달하는 금액이다. 우리나라 한국전력 CEO 연봉이 2억5,800만 원(2019년 기준)인 것에 비하면 어마어마하게 높다. 이 뿐만이 아니다. 우체국Postnord CEO 앤마리 가르드솔Annemarie Gard- shol이 매달 9,200만 원(70만8,333크로나)의 월급을 수령하는 등 스웨 덴 공기업 CEO들의 급여는 전반적으로 과다 편성되어 있다. 경쟁 으로부터 보호받으며 국가의 독점 사업을 영위하는 곳에서 생산 성 대비 적정한 급여를 산출하기가 쉽지는 않지만 한 가지 분명한 사실은 이들의 높은 급여가 결국 국민의 혈세로 메워지고 있다는 것이다.

뿐만 아니라 정부의 비효율과 역량 부족은 공공성이 강한 영역 에서조차 여실히 드러난다. 무상의료체제에서 의료비가 효과적으 로 관리되지 않고 서비스의 수준이 하향평준화되어 있다는 사실이 이를 증명한다. 으레 의료를 민영화시키면 의료비 부담이 늘어날 것이라고 여기기 십상이지만 GDP 대비 더 많은 비중을 의료비로 지출하는 대상은 오히려 무상의료체계를 보유한 국가의 국민들이다. 정부가 돈을 거두어 배분해주는 혜택이 국민 개개인이 직접 지출하는 것보다 크지 않다면 복지제도를 유지해야 할 이유가 없다. 바로 이러한 상황을 빗대 미국 로널드 레이건Ronald Reagan 전 대통령이 남긴 유명한 말이 있다. "영어에서 가장 끔찍한 (아홉 단어짜리) 문장은 바로 이것이다. — '정부에서 당신을 도와드리려고 왔습니다.'"

정부 돈이 눈먼 돈이 된 사례는 스톡홀름 인근의 솔나Solna 지역에 설립된 카롤린스카 병원 프로젝트에서도 여실히 드러난다. 당초 병원 측에서 병원 건립에 따른 건축비로 책정한 비용은 1조 8,000억 원(140억 크로나)이었지만 공사 과정에서 수정된 전체 비용은 2040년까지 지출할 유지·보수비용까지 포함하여 7조8,000억원(600억 크로나)에 달할 것으로 조사됐다. 이처럼 건축비가 눈덩이처럼 불어난 것은 병원 입구에 램프를 다는 것에 1억2,000만 원(95만 크로나), 보스톤 컨설팅사에 건넨 자문료 334억 원(2억5,700만 크로나) 등 일반적인 상식과 일치하지 않는 비용이 지급되었기 때문이다. 이로써 카롤린스카 병원은 유럽에서 세 번째로 비싼 건물이 되었다. 1위는 23조 원(200억 달러)이 들어간 프랑스 국제핵융합 실험로ITER, 그리고 2위는 11조 원(95억 달러)이 투입된 핀란드의 올킬루오토 원자력발전소다.[19]

또한 복지제도는 도덕적 해이와 이에 따른 복지병 문제에서 자유로울 수 없다. 복지병에 걸린 사회는 무기력해지고 활력을 잃는다. 국민들의 책임감과 윤리의식 역시 무뎌진다. 비록 서구의 복지국가들이 노동에 따른 인센티브를 부여하는 방향으로 제도를 개선하려고 노력하고 있음에도 불구하고 복지병 문제는 여전히 풀지 못한 숙제로 남아 있다.

보편적 복지 찬성론자들은 또한 복지제도가 소득재분배 효과를 증대시켜 부의 쏠림을 막고 건강한 경제성장을 이끌 수 있다고 생각한다. 경제적 불평등은 소비와 투자를 막고 저성장을 부른다는 것이 이들의 주요 논거다. 문재인 정부의 소득주도성장 역시 이러한 이론에 기반하고 있다.

나는 이러한 의견에 대해 영국 최초의 여성총리 마거릿 대처**Margaret Thatcher**의 한 방송 인터뷰 내용을 빌어 반박을 하고자 한다. "(북유럽식의) 사회주의는 부자증세를 하겠다는 야심찬 포부에서 출발했지만, 곧 서민증세로 그 방향이 바뀌었다. 심지어 저소득층에게까지 막대한 세금을 매기면서 말이다."[20]

북유럽 모델은 가진 자의 부를 빼앗아 가난한 이들에 나눠주지 않는다. 중산층도 50%를 웃도는 소득세 최고세율에 진입하고, 소득에 역진적으로 작용하는 부가가치세를 고율로 매기는, 그래서 중산층에 가해지는 세금부담이 그 어느 나라보다 무거운 구조를 취한다. 빈곤층마저도 그 부담에서 자유롭지 않다.

이들이 중산층과 저소득층에까지 높은 세율을 매기는 이유는 명백하다. 부자들의 자본에는 세금을 매기기가 어렵기 때문이다. 2011년 미국의 억만장자 워렌 버핏**Warren Buffett**은 부자에게 세금을 더 거두라는 의미에서 이른바 '버핏세'를 주장했다. 그는 금융자산에서 천문학적인 수입을 올리는 부자들의 소득세가 근로소득세를 내는 일반 소득자보다 낮은 세율을 받는 문제를 지적하며 자신이 비서보다 낮은 세율의 세금을 내고 있는 불평등한 현실을 폭로했다. 당시 버핏세는 한국을 포함한 전 세계에 큰 이슈가 되었다.

그러나 10년의 세월이 흐른 지금까지도 현실은 크게 달라진 것이 없다. 버핏세의 핵심인 자본소득에 대한 증세는 이론적으로 가능해 보일지 몰라도 실제로는 불가능에 가깝다. 세금에 민감한 부자들이 세율이 낮은 외국으로 재산을 옮겨버릴 수 있기 때문이다. 스웨덴 역시 자본유출이라는 부작용을 겪은 후 상속세, 증여세, 그리고 부유세를 전면 폐지한 바 있다. 부자증세가 세수 증가라는 성과로 이어질 수 있을지에 대해 확신할 수 없는 이유다.

법인세 역시 투자 위축과 경기 둔화를 부른다는 점에서 증세 여력이 높지 않다. 탄소세, 데이터세, 로봇세 등 새롭게 논의되고 있는 세원 마련 방안에 대해서도 실효성과 형평성에 대한 논란이 끊이지 않고 있다. 사실 이러한 세목들이 주목받고 있는 이유는 증세효과가 크기 때문이 아니라 정치적 상징성에 있다.

결국 세원을 넓힐 목적으로 정부가 가장 손대기 쉬운 것은 근로소득세와 부가가치세다. 문제는 부의 원천을 자본소득에 두고 있는 부자들과는 달리 중산층 이하의 계층에서 근로소득에 의존하는 비율이 높다는 점이다. 근로소득세의 인상은 중산층과 저소득층에 직접적인 영향을 주게 될 뿐 아니라 근로의욕을 낮추고 경제의 활력을 떨어뜨릴 위험이 있다. 또한 부를 쌓으려고 노력하는 저소득층의 유일한 탈출구를 막아 계층 상향이동을 차단할 우려도 있다.

우리 정부가 보편적 복지를 골자로 하는 북유럽 모델을 도입하고 싶다면, 넓은 세원이라는 그들의 조세 원칙도 따라야 할 것이다. 그리고 이는 중산층 및 저소득층을 중심으로 자본소득보다는 근로소득에 증세를 해야 한다는 뜻이다. 이런 조건을 용인하는 북유럽 복지국가 모델이 과연 경제불평등을 해소하는 대안이 될 수 있을지에 대해서는 보다 신중한 접근이 필요하다.

표를 쫓는 정치인들이
위험한 이유

평등 분배를 최우선으로 여기는 사회주의적 요소는 경제의 활력을 억압해 시장에서 좋은 성과를 내기 어렵게 한다. 사회주의 국가들의 체제 실패 경험이 그 증거다. 시장경제에 사회주의적 요소를 일부 도입한 유럽의 국가들조차 큰 국가를 지향하면서 쇠퇴의 길을 걸었다. 그리고 그만큼 가난한 이들에게까지 공유되는 과실의 몫도 감소했다. 오히려 가난한 사람을 더욱 윤택하게 만들어준 것은 시장경제체제다.

미국인들은 평균적으로 유럽 국민들에 비해 더 벌고 더 쓴다. 1인당 GDP로 비교했을 때 미국(5만9,928달러)은 대부분의 유럽 나라들을 앞선다. 스웨덴(5만1,405달러)에 비하면 1인 평균 약 17%를 더 벌어들이는 셈이다.[21] 더구나 미국인들은 세금이 낮은 덕분에 유럽 국민들보다 거의 2배 가까이(77%) 소비를 할 여력이 있다. 또한 연간 2만5,000달러 이하의 소득을 벌어들이는 저소득층의 비율은 미국보다 오히려 스웨덴에서 더 높다.[22]

복지시스템으로 인한 비효율을 감당하면서도 여전히 스웨덴이 선진국의 대열에 위치할 수 있는 배경에는 스웨덴 정부의 시장친화적인 정책이 있다. 헤리티지재단과 같은 여러 싱크탱크의 조사 결과에서는 북유럽 국가들이 기업 자유도 측면에서 높은 점수를 기록하고 있음이 드러난다. 그리고 이는 한국 정치인들이 모르고 있거나 알면서도 애써 무시하고 있는 불편한 진실이기도 하다. 사회주의적 속성을 띠는 기업징벌적인 규제를 취하면서도 고속성장을 할 수 있다고 주장하는 이들의 궤변은 그야말로 자가당착, 자기모순에 빠져 있다.

우리나라 정치인들이 경제와 복지의 동반성장을 주장하는 이유는 이것이 표가 되기 때문이다. 대기업 규제를 풀지 않고 증세를 거부하는 이유는 이것이 표가 되지 않기 때문이다. 이들이 정책의 방향성에 대해 진심으로 고민한 적이 있다면 무상복지체계에 대한 막연한 환상을 불어넣는 대신 복지국가 건설에 대가가 따른다는 사실을 사회적으로 공론화시키고 국민들의 양해를 구했을 것이다. 그러나 이들의 정책에는 고민의 흔적이 없다.

물론 복지제도 자체를 없앨 수는 없다. 장애인, 노약자 등 취약계층에게는 정부의 지원이 절실하다. 다만 복지지출을 통해 정부의 권력이 비대해져 경제성장에 방해요인으로 작용하도록 내버려두어서는 안 된다. 결국 당장의 권력에 눈먼 정치인들을 바로잡는 것은 국민의 몫이다. 유권자들이 포퓰리즘을 거부해야 복지국가에 대한 환상에서 벗어날 수 있다. 그리고 자본주의로 경제 번영을 이룬 한국과 같은 나라에서 자본주의가 저평가된 작금의 상황을 바로잡을 수 있다.

선진 모델을 따라가는 것보다 중요한 것

유럽은 왜 잘 살까. 삶의 질을 중요시하는 문화 덕분에 근로시간이 짧은데, 돈이나 지위를 쫓기보다 일상에서의 소소한 행복을 중요시하다 보니 경쟁이 거세지도 않은데, 열심히 공부할 유인도, 치열하게 일을 할 유인도 크지 않은데, 도대체 유럽은 왜 글로벌 경쟁에서 도태되지 않을까.

18세기 중엽 영국과 서유럽 국가들을 중심으로 인류 역사 발전에 있어 가장 중요한 전환점이 된 산업혁명이 발생했다. 유럽은 경쟁적으로 산업화를 추진했고 급속하게 경제적 근대화를 이루었다. 과학기술은 비약적으로 발전했고 해외무역이 확장되었으며 시장

경제체제가 정착됐다.

반면 당시 폐쇄경제를 유지하고 있던 조선은 산업화라는 새로운 도약의 기회를 잡지 못했다. 본격적인 경제발전은 광복 후 1960년대에 접어들면서 이루어졌다. 우리의 산업화 과정은 불과 60년 남짓이다. 영국 등 주요 서구 선진국들에 비하면 대략 200여 년이나 늦었다.

우리가 아무리 '한강의 기적'을 통해 압축적인 성장을 했다고 하더라도 물리적인 시간의 부재에서 오는 차이를 극복하기는 쉽지 않다. 서구 선진 국가들은 앞선 선배 과학자들의 어깨 위에 올라서 있다. 그래서 후발주자가 추격에 나설 때 이들은 그보다 빨리 새로운 기술을 내놓을 수 있다. 선조로부터 특허권, 상표권, 디자인권, 영업비밀 등 무형의 자산을 물려받았을 뿐 아니라 국가에 따라 석유, 석탄, 철광석 등 유형의 자원까지 보유하고 있다. 그래서 일찌감치 산업구조를 기술집약적이면서도 고부가가치를 창출하는 제조업이나 서비스업 위주로 전환시키는 데 성공할 수 있었다.

반면 한국은 고용 및 부가가치 비중 측면에서 산업구조를 아직 선진국형으로 고도화시키지 못했다. 우리의 산업은 저임금·저부가가치 분야에 집중되어 있고 생산성이 낮다. 세계 최고의 위상을 자랑한다는 우리나라 조선업, 해외건설업, 그리고 해양플랜트업도 실적을 들여다보면 속 빈 강정인 게 현실이다. 기본 설계, 타당성 검토 등 고도의 기술력을 필요로 해서 부가가치가 높은 분야에서는 미국, 유럽 등 선진업체들의 기술장벽을 아직 넘지 못하고 수주를 하더라도 수익성이 낮은 상세 설계나 시공 분야를 맡는 수준에 그친다.

기술력이 필요한 고부가가치 시장을 선점하면 주도권 싸움에서 상대적으로 여유로워질 수 있다. 도전자와의 기술 격차에 시차가 존재하기 때문에 기술 우위를 유지하기가 보다 수월하기 때문이다. 그래서 선진국은 상대적으로 경쟁이 덜 치열하다. 여유 있게 일해도 고부가가치를 창출할 수 있다. '저녁이 있는 삶'이 가능한 이유다. 더구나 인구가 적다 보니 노동자들이 귀한 대접을 받는다.

그러나 우리의 경우는 다르다. 그간 서구 선진국을 빠르게 모방하는 패스트 팔로워fast follower 전략을 취했기 때문에 원천기술이 없다. 우리나라와 선진국의 기술 격차는 점점 좁혀지고 있는 추세임에도 불구하고 분야별로 최대 10년 가까이 벌어져 있지만 중국이 우리나라를 추격하는 속도는 이보다 더 빠르다. 그래서 우리는 살아남기 위해 안간힘을 써야 한다.

더구나 우리나라는 산업구조상 노동집약적 제조업의 비율이 높다. 아무리 똑똑한 사람이라도 이렇게 부가가치를 많이 창출하기 힘든 산업에서 일하면 단순 반복업무에 투입될 수밖에 없다. 그래서 노동생산성이 낮고 일하는 시간에 비해 벌어들이는 돈이 적다. 또한 좁은 국토에 인구가 밀집해 있는 데다 사회경제적 계층이 고착화된 서구 선진국에 비해 신분 상승의 가능성이 아직은 열려 있다 보니 사회구성원 간 생존경쟁이 절로 치열해진다.

이처럼 세상의 많은 나라들에는 각각의 역사적, 사회적, 그리고 경제적 배경이 있다. 이것이 가난한 나라가 늘 틀리고 서구 선진국은 항상 옳다는 의미는 아니다. 모든 나라는 그 나라만의 방식으로 발전을 해왔다. 다른 나라의 경제모델을 추종하기보다 시행착오를 통하더라도 우리만의 새로운 모델을 만들어나가야 하는 이유다. 앞으로 우리의 현재를 진단하고 미래를 위한 대응책을 마련하는 과정에서 이 책이 조금이나마 참고가 되었으면 한다.

PART 1. 정말 스웨덴이 복지천국일까

1   "How Canada compares", <Canadian Institute for Health Informa-tion>, 2017., https://www.cihi.ca/sites/default/files/document/text-alternative-version-2016-cmwf-en-web.pdf

2   Amanda Billner, Rafaela Lindeberg, Iklas Magnusson, "Now even Swedes are questioning the welfare state", <Bloomberg>, 2018.6.26., https://www.bloomberg.com/news/articles/2018-06-26/now-even-swedes-are-questioning-the-welfare-state

3   OECD Health Statistics 2020.

4   Matt Phillips, "The high price of a free college education in Sweden", <The Atlantic>, 2013.5.31., https://www.theatlantic.com/internation alarchive/2013/05/the-high-price-of-a-free-college-education-in-swe den/276428/

5   https://corporate.academedia.se/wpcontent/uploads/2020/10/Acade MediaAnnualReport1920.pdf 참고.

6   Catherine Edwards, "We haven't managed to break the vicious circle of growing inequality in schools", <The Local>, 2018.8.23., www.thelo cal.se/20180823/interview-swedish-education-minister-gustav-frido

lin-school-system/

7 "Sweden may have rigged PISA test results", <V4 Agency>, 2020.6.4., https://v4na.com/en/swedes-may-have-rigged-pisa-test-results

8 http://www.salaryexplorer.com/salary-survey.php?loc=209&loc type=1&job=5843&jobtype=3

9 "My pension won't be enough: Swedes", <The local>, 2014.4.28., www. thelocal.se/20140428/swedes-distrust-of-pensions-on-the-up

10 최연혁, "스웨덴 할머니들이 뿔났다", <여성신문>, 2018.5.30, www.women news.co.kr/news/articleView.html?idxno=142330

11 www.sweden.se/society/elderly-care-in-sweden/ 참고; Karen M.An-derson, Occupational Pensions in Sweden, <Friedrich Ebert Stiftung>, 2015.12., https://library.fes.de/pdf-files/id/12113.pdf

12 https://ec.europa.eu/social/main.jsp?catId=1130&langId=en&intPage Id=4814 참고.

13 10번 주석의 기사 참고.

14 "Households in rented dwellings spend largest share of their income on housing", <SCB>, 2017.02.20., www.scb.se/en/finding-statistics/ statistics-by-subject-area/household-finances/household-expen ditures/housing-costs/pong/statistical-news/households-housing-expenses/

15 https://akademssr.se/english/benefits-membership/kassan-your-un employment-insurance 참고.

16 https://stats.oecd.org/Index.aspx?DataSetCode=EPL_OV 참고.

17 Modig, A. and K. Broberg(2002), "Ar det OK att sjukskriva sig om man inte ar sjuk?", memo, T22785, Stockholm: TEMO.

18 Marcus Walker, "Sweden clamps down on sick and disabili ty pay", <Wallstreet Journal>, 2007.3.9., www.wsj.com/articles/ SB117867488873496745

19 Magnus Henrekson, Mats Persson(2004), "The effect on sick leave of changes in the sickness insurance system", Journal of labor econo mics, Vol 22, no.1.

20 Heinemann, F.(2007), "Is the Welfare State Self-Destructive? A Study of Government Benefit Morale", ZEW Discussion Paper No. 07~029.

21 Adan Boult, "Finland is considering giving every citizen 800 euro a month", <The Telegraph>, 2015.12.6., https://www.telegraph.co.uk/news/worldnews/europe/finland/12035946/Finland-is-considering-giving-every-citizen-800-a-month.html

PART 2. 세상에서 가장 불편한 세금의 진실

1 https://se.talent.com/en/tax-calculator에서 계산.

2 "선진복지국 스웨덴의 구조개혁에서 배운다", <한국경제연구원>, 2019.12.18.

3 Elke Asen, "Insights into the tax systems of Scandinavian countries", <Tax Foundation>, 2020.2.24., https://taxfoundation.org/bernie-sanders-scandinavian-countries-taxes/

4 정유미, "한국근로자 평균연봉 3634만원, 대기업정규직은 6487만원", <경향신문>, 2019.9.22., http://biz.khan.co.kr/khan_art_view.html?artid=201909221130011

5 Chris Edwards, "U.S. tax code too progressive", <CATO institute>, 2017.11.2., https://www.cato.org/blog/us-tax-code-too-progressive

6 John Stossel, "Sweden not a Socialist success", <Youtube>, 2018.10.23., www.youtube.com/ watch?v=1i9FQ834yFc

7 유승호, "부자증세 주장에 가려진 불편한 진실", <한국경제>, 2018.9.21., www.hankyung.com/economy/article/20180921110021

8 "Sweden, corporate–income determination", <PWC>, 2021.1.20., https://taxsummaries.pwc.com/sweden/corporate/income-determination

9 Catherine Edwards, "Does Sweden's tax system really screw the

rich?", <The local>, 2018.1.11., https://www.thelocal.se/20180111/does-swedens-tax-system-really-screw-the-rich/

10 Anders Udstedt, "IKEA, Sweden, and the inheritance tax : lessons for the US", <CS Monitor>, 2010.3.18., https://www.csmonitor.com/Commentary/Opinion/2010/0318/IKEA-Sweden-and-the-inheritance-tax-lessons-for-the-US

11 "The world's biggest gamblers", <The Economist>, 2017.2.9., https://www.economist.com/graphic-detail/2017/02/09/the-worlds-biggest-gamblers

12 https://www.statista.com/statistics/703804/gambling-and-playing-lottery-frequency-in-sweden 참고.

13 https://data.oecd.org/hha/household-debt.htm#indicator-chart 참고.

14 Enda Curran, "World's bubbliest housing markets flash 2008 style warnings", <Bloomberg>, 2021.6.15., https://www.bloomberg.com/news/articles/2021-06-15/world-s-most-bubbly-housing-markets-flash-2008-style-warnings

15 "The Opportunity Costs of Socialism", <The Council of Economic Advisers, Executive Office of the President of the United States>, 2018.10.

16 Nima Sanandaji, "The surprising ingredients of Swedish success – free markets and social cohesion", <IEA discussion paper No.41>, 2012.8.

17 Catherine Edwards, "Does Sweden's tax system really screw the rich?", <The local>, 2018.1.11., https://www.thelocal.se/20180111/does-swedens-tax-system-really-screw-the-rich/

18 "최근 현금 없는 사회 진전 국가들의 주요 이슈와 시사점", <한국은행>, 2020.1.

19 "스웨덴, 첨단 디지털 테크와 아날로그 휴먼테크의 동침", <KOTRA>, 2020.1.31., www.kotra.or.kr

PART 3. 스웨덴 사회, 그리고 스웨덴 사람들

1 스웨덴 정부 공식 웹사이트 https://sweden.se/society/gender-equali
   ty-in-sweden/ 참고.

2 Nima Sanandaji, "The Surprising Ingredients of Swedish success-
   free markets and social cohesion", <IEA discussion paper>, No.41.

3 "Education at a glance", <OECD>, 2019., https://www.oecd.org/educa
   tion/education-at-a-glance/EAG2019_CN_SWE.pdf

4 Michaela Grimm, "Allianz Global Wealth Report 2020", <Allianz Re-
   search>, 2020.9.23.

5 Jonathan Ponciano, "The Countries with the Most Billionaires",
   <Forbes>, 2020.4.8., https://www.forbes.com/sites/jonathanpon
   ciano/2020/04/08/the-countries-with-the-most-billionaires-in-
   2020/?sh=7c21b9e84429

6 "In Sweden, billionaires are surprisingly popular", <The Economist>,
   2019.11.28., https://www.economist.com/briefing/2019/11/28/in-swe
   den-billionaires-are-surprisingly-popular

7 4번 주석의 보고서.

8 Anthony Shorrocks, "Global Wealth Databook 2019", <Credit Suisse>,
   2019.10.

9 Arvid Malm, Henrik RS Olsson, "Lagre skatter – storre jamlikhet",
   <Skattebetalarnas Forening>, 2009.

10 8번 주석의 보고서.

11 김치연, "한국의 사회이동성 역량 82개국 중 25위...WEF평가", <연합뉴스>,
   2020.1.20., https://www.yna.co.kr/view/AKR20200120119500009?
   input=1195m

12 박병률, "기생충-계층이동 가능성 낮은 위대한 개츠비 곡선", <주간경향>, 2019.
   12.30., http://weekly.khan.co.kr/khnm.html?mode=view&code
   =114&artid=201912201634031&pt=nv

13 Caroline Freund, Sarah Oliver, "The Origin of the Superrich : The

Billionaire Characteristics Database", <Peterson Institute for International Economics>, 2016.2.

14 Gregory Clark, "What is the true rate of social mobility in Sweden?? A surname analysis : 1700~2012", <University of California, Davis>.

15 www.statista.com/statistics/523586/sweden-number-of-asylum-applications/

16 "Sweden Muslim woman who refused handshake at job interview wins case", <BBC>, 2018.8.16., www.bbc.com/news/world-europe-45207086

17 Danielle Lee Tomson, "The rise of Sweden democrats", <Brookings>, 2020.3.25., https://www.brookings.edu/research/the-rise-of-sweden-democrats-and-the-end-of-swedish-exceptionalism/

18 Mordechai Sones, "Swedish woman raped by refugee commits suicide after case closed", <Arutz Sheva>, 2017.11.27., www.israelnationalnews.com/News/News.aspx/238579

19 "Gang criminals got a luxury apartment – this shows SVT's review", <Tellerreport>, 2019.12.11., www.tellerreport.com/news/2019-12-11---gang-criminals-got-a-luxury-apartment---this-shows-svt-s-review-.BkOHWKR6B.html

20 https://www.statista.com/statistics/1105753/cumulative-coronavirus-deaths-in-sweden/ ; https://www.statista.com/statistics/1102203/cumulative-coronavirus-cases-in-sweden/ 참고.

21 Jon Henley, "Sweden's Covid-10 strategist under fire over herd immunity emails", <The Guardian>, 2020.8.17., www.theguardian.com/world/2020/aug/17/swedens-covid-19-strategist-under-fire-over-herd-immunity-emails

22 Gretchen Vogel, "It's been so, so surreal, Critics of Sweden's lax pandemic policies face fierce backlash", <Science>, 2020.10.6., www.sciencemag.org/news/2020/10/it-s-been-so-so-surreal-critics-sweden-s-lax-pandemic-policies-face-fierce-backlash

23 코트라 스톡홀름 무역관 공지사항 및 해외 언론 종합.

24 22번 주석의 기사 참고.

25 ibid.

26 "Swedish health agency says virus has peaked in Stockholm, no easing of restrictions yet", <Reuters>, 2020.4.22., www.reuters.com/article/us-health-coronavirus-sweden-idUSKCN2232AI

27 "Sweden to deny state pandemic support for dividend-paying companies", <Reuters>, 2020.5.7.

28 양소리, "집단면역 스웨덴 사망자 50%가 요양원 노인", <뉴시스>, 2020.11.25., https://newsis.com/view/?id=NISX20201125_0001246744

29 Maddy Savage, "Coronavirus : what's going wrong in Sweden's care homes?", <BBC>, 2020.5.19., www.bbc.com/news/world-europe-52704836

30 Charlotta Stern, Daniel Klein, "Stockholm City's elderly care and covid 19 : interview with Barbro Karlsson", <Global society>, 2020.7.19.

PART 4. 부자 나라의 가난한 국민들

1 "The big mac index", <The Economist>, 2020.7.15., www.economist.com/news/2020/07/15/the-big-mac-index.

2 "How often do you eat dinner outside?", <Statista>, 2016.4.8., www.statista.com/statistics/727864/survey-on-frequency-for-eating-dinner-outside-in-sweden/

3 "Households in rented dwellings spend largest share of their income on housing", <SCB>, 2017.2.20., https://www.scb.se/en/finding-statistics/statistics-by-subject-area/household-finances/household-expenditures/housing-costs/pong/statistical-news/households-housing-expenses/

4   ibid.

5   www.kia.com/se/kopa/prislista/ 참고.

6   Sweden-OECD Better life index 참고. https://www.oecdbetterlifeindex. org/countries/sweden/

7   Numbeo 참고. www.numbeo.com/cost-of-living/

8   "A Nordic pyramid", <The Economist>, 2016.3.10., https://www.econo mist.com/business/2016/03/10/a-nordic-pyramid

9   Peter Hogfeldt, "The history and politics of corporate ownership in Sweden", <University of Chicago Press>, 2005.11.

10 "The rise of dual class shares : regulation and implications", <Com- mittee on capital markets regulation>, 2020.4., https://www.capmk tsreg.org/wp-content/uploads/2020/04/The-Rise-of-Dual-Class- Shares-04.08.20-1.pdf

11 함시창·김희탁, "외국과 국내기업(집단)들의 소유지배구조 비교분석 및 정책시사 점 연구", <상명대학교 경제정책연구소>, 2004.

12 이승훈, "스웨덴과 반기업정서", <서울대학교 경제연구소>, 경제논집, Vol.47 No.2/3, 2008.

13 Magnus Henrekson, Dan Johansson, Mikael Stenkula(2019), King and Fullerton(1984), Sodersten(1984, 1993), Henrekson and Jakobsson(2001) 등 다수.

14 https://news.cision.com/knut-och-alice-wallenbergs-stiftelse/r/wal lenberg-foundations-grants-2019---sek-2-4-billion,c3055091

15 신정완, "스웨덴 발렌베리 기업들의 소유지배구조와 한국에서 발렌베리 사례의 수용방식", <한국스칸디나비아학회>, 제16호: 195~226, 2015.

16 은경완, "패자의 역습", <메리츠증권 리서치센터>, 2020.6.1.

17 "The Wallengberg Group, A Nordic pyramid", <The Economist>, 2016.3.10. ; 임한솔, "이재용 삼성경영 대물림 포기로 소유경영분리 발렌베 리그룹에 시선", <business post>, 2020.5.7., www.businesspost.co.kr/ BP?command=article_view&num=176975

18 김은, "롤모델 삼은 발렌베리식 소유, 경영분리 도입할까", <더벨>, 2020.

5.13., www.thebell.co.kr/free/content/ArticleView.asp?key=202005081635285680104192&lcode=00

19 김신회, "스웨덴 재벌 '제트기 스캔들'에 지배구조 모델도 흔들", <머니투데이>, 2015.9.21., htts://m.mt.co.kr/renew/view.html?no=2015092111423182207&outlink=1&ref=%3A%2F%2F&type=outlink&ref=%3A%2F%2F#_enliple

20 Jurgen G, "IKEA's flat-pack tax scheme : a corporate structure designed to facilitate profit-shiftig and tax avoidance", <Medium>, 2018.11.29., https://medium.com/@jurgeng/ikeas-tax-scheme-a-corporate-structure-designed-to-facilitate-profit-shifting-and-tax-avoidance-798caf842fb6

21 "Almost 580,000 now waiting for apartments in Stockholm", <The local>, 2017.8.16., https://www.thelocal.se/20170816/almost-580000-now-waiting-for-apartments-in-stockholm

22 Keith Moore, "Sweden's housing problem", <Monthly Policy Review>, 2018.8.24., https://mundus-international.com/swedens-housing-problem/#:~:text=A%20chronic%20lack%20of%20housing&text=Of%20the%20country%27s%20290%20municipalities,the%20most%20difficulty%20finding%20accommodation

23 Catherine Edwards, "How to avoid being ripped off when you're renting in Sweden", <The local>, 2019.2.22., https://www.thelocal.se/20190222/what-you-need-to-know-about-second-hand-rentals-in-sweden/

24 "Rent controls : how they damage the housing market, the economy and society", <Epicenter>, 2020.1.22., http://www.epicenternetwork.eu/publications/rent-controls/

25 "Are 100-year mortgages next? Effects of negative real interest rates on Nordic housing bubble?", <Wolf Street>, 2017.3.4., https://wolfstreet.com/2017/03/04/negative-real-interest-rates-on-nordic-house-price-bubble-100-year-mortgages/

26 https://data.oecd.org/hha/household-debt.htm

PART 5. 지상낙원은 없다

1 http://data.oecd.org/emp/temporary-employment.htm 참고.
2 Lennart Schon(2018), Lund University, "Economic Growth and Structural Change, 1800-2000", https://eh.net/encyclopedia/sweden-economic-growth-and-structural-change-1800-2000/
3 송원근, "스웨덴식 복지국가 따라야 할 길인가?", <한국경제연구원>, 2011.2.17.
4 Theo, Y8, "To What Extent did Sweden remain neutral in world war two?", <St. Faith's, Cambridge>, 2019.5., https://www.stfaiths.co.uk/wp-content/uploads/2019/05/Sweden-and-WW2-Theo.pdf
5 Douglas Carr, "Copy Sweden : Reduce government spending and prosper", <The Hill>, 2019.4.8.
6 Magnus Henrekson, "Sweden's relative economic performance : lagging behind or staying on top? Industrial institute for economic and social research", <IUI>.
7 김인춘, "북유럽 국가들의 복지재정 제도 연구", <한국지방세연구원>, 2014.01.
8 Nima Sanandaji, "The surprising ingredients of Swedish success- free markets and social cohesion", <IEA discussion paper>, No. 41, 2012.8.
9 Rodney Edvinsson, Klas Eriksson, "A real estate price index for Stockholm, Sweden 1818-2018 : putting the last decades housing price boom in a historical perpective", <Scandinavian Economic History Review>, Volume 68, Issue 3(2020).
10 Assar Lindbeck, "The Swedish Experiment", <Sweden: SNS Center for Business and Policy Studies>.
11 "The new face of Swedish socialism", <Forbes>, 2001.3.19., https://www.forbes.com/global/2001/0319/034.html?sh=a3f6e026643c

12 "스웨덴 복지국가모델과 시사점", <주OECD대표부>, 2005.

13 "Growth and renewal in the Swedish economy", <McKinsey>, 2012.5.

14 http://data.oecd.org/unemp/unemployment-rate-by-age-group.htm#indicator-chart 참고.

15 Catherine Edwards, "Does Sweden's tax system really screw the rich?", <The local>, 2018.1.11., www.thelocal.se/20180111/does-swedens-tax-system-really-screw-the-rich/#:~:text="It%27s%20true%20that%20Sweden%20is,high%20taxes%2C%20says%20Roine

16 David Ibison, "Sweden axes wealth tax", <FT>, 2007.3.29., https://www.ft.com/content/d6f77584-dd4a-11db-8d42-000b5df10621

17 Government at a glance 2019, <OECD>, http://recopaproject.com/2021-february 참고.

18 Postnord's CEO increased his salary by 21 percent, <Newsbeezer>, 2021.4.23., https://newsbeezer.com/swedeneng/postnords-ceo-increased-his-salary-by-21-percent/

19 Nicole Mello, "10 most expensive buildings ever built in Europe,"<The Richest>, 2019.10.21., https://www.therichest.com/luxury/expensive-buildings-europe/

20 마거릿 대처의 <Thames TV This Week> 인터뷰, 1976.2.

21 https://www.worldometers.info/gdp/gdp-per-capita/ 참고.

22 Bergstrom, F., and R. Gidehag, "EU versus USA", <Timbro>, 2004.6.

행복한 나라의 불행한 사람들

복지국가 스웨덴은 왜 실패하고 있는가

1판 1쇄 발행 2022년 1월 15일
1판 2쇄 발행 2022년 3월 9일

지은이 박지우
펴낸이 고병욱

책임편집 김경수 **기획편집** 허태영
마케팅 이일권 김윤성 김도연 김재욱 이애주 오정민
디자인 공희 진미나 백은주 **외서기획** 김혜은
제작 김기창 **관리** 주동은 조재언 **총무** 문준기 노재경 송민진

펴낸곳 청림출판(주)
등록 제1989-000026호

본사 06048 서울시 강남구 도산대로38길 11 청림출판(주)
제2사옥 10881 경기도 파주시 회동길 173 청림아트스페이스
전화 02-546-4341 **팩스** 02-546-8053

홈페이지 www.chungrim.com
이메일 cr2@chungrim.com
페이스북 https://www.facebook.com/chusubat

ISBN 979-11-5540-199-6 03300